高等院校经济管理类"十三五"规划系列教材

XINBIAN KUAIJIXUE YUANLI SHIXUN JIAOCHENG

新编会计学原理实训教程

主 编 李建立 桂玉娟 王莲君
副主编 王 萌 石 松

華中科技大學出版社
http://www.hustp.com
中国·武汉

图书在版编目(CIP)数据

新编会计学原理实训教程/李建立,桂玉娟,王莲君主编.—武汉：华中科技大学出版社,2015.1
ISBN 978-7-5680-0640-8

Ⅰ.①新…　Ⅱ.①李…　②桂…　③王…　Ⅲ.①会计学-高等学校-教材　Ⅳ.①F230

中国版本图书馆 CIP 数据核字(2015)第 031165 号

新编会计学原理实训教程　　李建立　桂玉娟　王莲君　主编

策划编辑：张凌云
责任编辑：史永霞
封面设计：龙文装帧
责任校对：曾　婷
责任监印：朱　玢
出版发行：华中科技大学出版社(中国·武汉)
武昌喻家山　　邮编：430074　　电话：(027)81321915
录　　排：华中科技大学惠友文印中心
印　　刷：武汉市籍缘印刷厂
开　　本：787mm×1092mm　1/16
印　　张：12
字　　数：117 千字
版　　次：2016 年 12 月第 1 版第 2 次印刷
定　　价：39.80 元

本书若有印装质量问题,请向出版社营销中心调换
全国免费服务热线：400-6679-118　竭诚为您服务

前　言

在21世纪中国经济走向全球的时代，我们不但需要大批高素质的理论人才，更需要大批高素质的应用型人才。为满足高等院校财经类专业“会计学原理”课程实践性教学的需要，我们以《企业会计准则》《企业会计制度》为依据，根据高等院校转型发展要求，本着理论与实际相结合，着重培养学生的动手操作能力与基本技能的目标，编写了《新编会计学原理实训教程》一书。

本书根据“会计学原理”课程教学大纲要求，按照科目汇总表核算形式，以某制造企业为例，用原始凭证的方式提供了全面、立体、仿真式的企业会计核算的经济业务资料，其内容具有实践性、启发性、应用性和综合性。这种全仿真的会计模拟实训教学，对提高学生的职业判断能力及操作技能有着积极的作用。

本书主要满足高等院校财经类专业实践性教学的需求，同时也可以用于财经工作者的技能培训。本书的编写以先进性、适用性、针对性、操作性为主导原则，突出了高等院校财经类专业培养高级应用型专门人才的办学特色。

本书体系简明精练，经济业务选择深浅适度、范围明确，不求面面俱到；实训内容突出重点，围绕企业供产销主要经济业务，着重练习会计核算的主要方法，使学生掌握会计核算的一般程序和基本技能。

本书由李建立、桂玉娟、王莲君担任主编，王萌、石松担任副主编。

在本书的编写过程中，我们得到了华中科技大学出版社、相关院校的大力支持和协助，在此一并表示感谢。

由于时间仓促，难免会有疏漏和失误之处，恳请读者指正，待再版时予以纠正。

编　者

2014年9月于武汉

目　录

第一章　会计核算的一般规则

本教程是以某小型制造企业一个月内实际发生的经济业务为基础（参考其他月份相关资料），以原始凭证的填制和识别为主要内容所进行的开设账户、编制凭证、登记账簿、对账、结账、编制会计报表等账务处理流程的全仿真模拟训练。

第一节　会计凭证的填制与审核

会计凭证是记录经济业务、明确经济责任的书面证明，也是登记账簿的依据。因此，企业、事业单位处理任何经济业务，如现金的收付、物资的进出、往来款项的结算等，都必须及时取得或填制真实、准确的书面证明，即经办业务的有关人员必须按照规定的程序和要求认真填制会计凭证，记录经济业务发生或完成的时间、经济业务的内容。涉及的有关单位和经办人员要签名盖章（有的凭证还需要加盖公章），以便对会计凭证的真实性和正确性负责。

一、会计凭证的种类

会计凭证按其填制的程序和用途的不同可以分为原始凭证和记账凭证两种。

（一）原始凭证

原始凭证是记录经济业务已经发生、执行或完成，用以明确经济责任，作为记账依据的最初的具有法律效力的书面证明文件。如出差乘坐的车船票、采购材料的发货票、到仓库领料的领料单等。原始凭证是在经济业务发生过程中直接产生的，是经济业务发生的最初证明，在法律上具有证明效力。原始凭证按其取得的来源不同，可以分为自制原始凭证和外来原始凭证两类。

1. 自制原始凭证

自制原始凭证是指在经济业务已经发生、执行或完成时，由本单位的经办人员自行填制的原始凭证，如收料单、领料单、产品入库单等。自制原始凭证按其填制手续的不同，又可分为一次凭证、累计凭证、汇总原始凭证和记账编制凭证四种。

（1）一次凭证。

一次凭证是指只反映一项经济业务，或者同时反映若干项同类性质的经济业务，其填制手续是一次完成的会计凭证。例如：企业购进材料验收入库，由仓库保管员填制的“收料单”；车间或班组向仓库领用材料时填制的“领料单”；报销人员填制的、出纳人员据以付款的“报销凭单”。

（2）累计凭证。

累计凭证是指在一定期间内，连续多次记载若干不断重复发生的同类经济业务，直到期末，凭证填制手续才算完成，以期末累计数作为记账依据的原始凭证。如工业企业常用的限额领料单等。

（3）汇总原始凭证。

汇总原始凭证是指在会计核算工作中，为简化记账凭证的编制工作，将一定时期内若干份记录同类经济业务的原始凭证按照一定的管理要求汇总、编制成一张汇总凭证，用以集中反映某项经济业务总体发生情况的会计凭证。如“发料凭证汇总表”“收料凭证汇总表”“现金收入汇总表”等都是汇总原始凭证。

汇总原始凭证只能将同类内容的经济业务汇总填列在一张汇总凭证中。在一张汇总凭证中，不能将两类或两类以上的经济业务汇总填列。汇总原始凭证在大中型企业中使用得非常广泛，原因有：它可以简化核算手续，提高核算工作效率；它能够使核算资料更为系统化，使核算过程更为条理化；它能够直接为管理者提供决策时需要的某些综合指标。

（4）记账编制凭证。

记账编制凭证是根据账簿记录和经济业务的需要编制的一种自制原始凭证。记账编制凭证是根据账簿记录，把某一项经济业务加以归类、整理进而重新编制的一种会计凭证。例如，在计算产品成本时，编制的“制造费用分配表”就是根据制造费用明细账记录的数字按费用的用途填制的。

2. 外来原始凭证

外来原始凭证是指在同外单位发生经济往来业务时，从外单位取得的凭证。外来原始凭证都是一次凭证。如企业购买材料、商品时，从供货单位取得的发货票，就是外来原始凭证。

（二）记账凭证

记账凭证是会计人员根据审核无误的原始凭证，确定经济业务应借、应贷的会计科目和金额而填制的，作为登记账簿直接依据的会计凭证。记账凭证按其适用的经济业务可分为专用记账凭证和通用记账凭证两类。

1. 专用记账凭证

专用记账凭证是用来专门记录某一类经济业务的记账凭证。专用记账凭证按其所记录的经济业务与库存现金和银行存款的收付有无关系，又分为收款凭证、付款凭证和转账凭证三种。

（1）收款凭证。

收款凭证是用来记录库存现金和银行存款等货币资金收款业务的凭证，它是

根据库存现金和银行存款、收款业务的原始凭证填制的。

(2) 付款凭证。

付款凭证是用来记录库存现金和银行存款等货币资金付款业务的凭证，它是根据库存现金和银行存款、付款业务的原始凭证填制的。

收款凭证和付款凭证是用来记录货币收付业务的凭证，它们既是登记库存现金日记账、银行存款日记账、明细分类账及总分类账等账簿的依据，也是出纳人员收付款项的依据。出纳人员不能依据库存现金、银行存款收付业务的原始凭证收付款项，而必须根据会计主管人员或指定人员审核批准的收款凭证和付款凭证收付款项，以加强对货币资金的管理，有效地监督货币资金的使用。

(3) 转账凭证。

转账凭证是用来记录与库存现金、银行存款等货币资金收付款业务无关的转账业务（在经济业务发生时不需要收付库存现金和银行存款的各项业务）的凭证，它是根据有关转账业务的原始凭证填制的。

转账凭证是登记总分类账及有关明细分类账的依据。

2. 通用记账凭证

通用记账凭证是指只以一种格式记录全部经济业务的记账凭证。其格式不再分为收款凭证、付款凭证和转账凭证。

在经济业务比较简单的经济单位，为了简化凭证，可以使用通用记账凭证，记录所发生的各种经济业务。

二、会计凭证的填制与审核

(一) 原始凭证的填制与审核

1. 原始凭证的要素

(1) 原始凭证的名称。

(2) 原始凭证的编号。

(3) 填制原始凭证的日期。

(4) 接受原始凭证单位名称或个人姓名、填制单位名称或填制人姓名。

(5) 经济业务简要内容。

(6) 经济业务的金额（单价、数量）。

(7) 有关人员（部门负责人、经办人员）的签名盖章。

2. 原始凭证的填制要求

(1) 真实可靠。

原始凭证所反映的经济业务必须合法，其内容和数字必须客观真实，符合有关经济业务的实际情况。

（2）填制及时。

原始凭证应在经济业务发生或完成的当时、当地，及时进行填写或及时取得，任何人不得以任何借口拖延不办或迟办，以避免延误会计核算；并按照规定程序，及时送交财会部门，由财会部门加以审核，并据以编制记账凭证，以确保会计资料经济信息的时效性。

（3）内容完整。

经济业务发生或完成后，必须按照规定的原始凭证各要素逐项进行填写，内容完整、齐全，不得遗漏或简略。有关经办单位或人员必须按法规要求认真签名盖章，做到经济责任明确、各负其责。

（4）填写清楚。

①各种凭证要用蓝、黑墨水书写，文字要简要，字迹要清楚、易于辨认。不得使用国务院未公布的简化字；阿拉伯数字要逐个写清楚，不得连写；在合计金额前应填写人民币符号“￥”；空白金额行应加斜线注销；属于套写的凭证，一定要写透，不要上面清楚、下面模糊。

②金额数字的大小写要符合规范，正确填写。金额数字的大写应一律使用壹、贰、叁、肆、伍、陆、柒、捌、玖、拾、零、佰、仟、万、亿等，单位用元、角、分等，不得乱造简化字；金额数字中间有“0”字时，如小写金额￥1 002.50，大写金额中可以只写一个“零”字，为“壹仟零贰元伍角整”；大写金额中有角、分的，“分”字后面不写“整”字；银行结算制度规定的结算凭证、预算的缴款凭证、拨款凭证，企业的发票、收据、提货单、运单、合同、契约，以及其他规定需要填列大写金额的各种凭证，除填小写金额外，必须有大写的金额。

③各种凭证不得随意涂改、刮擦、挖补，填写错误需要更正时，应用画线更正法，即将错误的文字和全部数字用红色墨水笔画线注销，再将正确的文字和数字用蓝色笔写在画线部分的上面，并签名盖章。如：将158元误写成185元，应更正为 158 ~~185~~ 王清 。但提交银行的各种结算凭证的大写和小写一律不得更改，如填写错误，应加盖“作废”戳记，重新填写。

④各种凭证必须连续编号，以便查考。有些凭证如果已预先印定编号，如支票、发票等，在写错作废时，应加盖“作废”戳记，全部保存，不得撕毁。

3. 原始凭证的审核

审核会计凭证是正确组织会计核算和进行会计检查的一个重要方面，也是实行会计监督的一个重要手段。会计凭证的审核，主要是对各种原始凭证的审核。

各种原始凭证，除由经办业务的有关部门审核外，最后要由会计部门进行审核。及时审核原始凭证，是对经济业务进行的事前监督。审核原始凭证，主要是审查以下两个方面的内容。

（1）合法性审核。

审查发生的经济业务是否符合国家的政策、法令和会计制度的规定，有无违反财经纪律等违法乱纪行为。如有违反(如伪造凭证、涂改凭证和虚报冒领等不法行为)，会计人员应扣留原始凭证，并根据《中华人民共和国会计法》规定，向领导提出书面报告，请求严肃处理。

（2）合规性审核。

审查原始凭证填写的内容是否符合规定的要求，凭证所记录的经济业务是否符合实际情况，应填写的项目是否齐全，数字和文字是否正确，书写是否清楚，有关人员是否已签名盖章等。手续不完备或数字计算有错误的凭证，应由经办人员补办手续或更正错误。

原始凭证的审核，是一项严肃而细致的工作，会计人员必须坚持制度，坚持原则，履行会计人员的职责。

（二）记账凭证的填制与审核

1. 记账凭证的内容

（1）记账凭证名称。

（2）记账凭证的填制日期。

（3）记账凭证的顺序编号。

（4）经济业务的摘要。

（5）经济业务所涉及的会计科目。

（6）经济业务所涉及的金额。

（7）记账凭证所附原始凭证件（张）数。

（8）有关责任人的签名或者盖章。

2. 记账凭证的填制要求

填制记账凭证除必须严格按照填制原始凭证的要求操作以外，还必须注意以下几个方面。

（1）认真审核原始凭证。

对经济业务发生后取得或填制的原始凭证进行认真、严格的检查和审核，经确认其内容真实、准确无误后，方可填制相应的记账凭证。

（2）确定采用何种记账凭证。

会计人员应根据审核无误的原始凭证所反映的经济业务性质，合理地选用记账凭证（收款凭证、付款凭证、转账凭证，收支业务不多的单位可以使用通用的

记账凭证）来记录各项经济业务。

（3）正确填写摘要。

摘要栏应简单明了地填写经济业务的要点，文字说明应简练概括。依据经济业务的特点填好摘要栏，对查阅凭证、登记账簿都十分重要。

（4）准确填写记账凭证的日期。

收、付款业务因为要登入当天的日记账，记账凭证的日期应是货币资金收付的实际日期，但是与原始凭证所记载的日期不一定一致。转账凭证以收到原始凭证日为日期，但在摘要栏要注明经济业务发生的实际日期。

（5）记账凭证依次编号。

记账凭证必须按月连续编号，以便于记账、查账，防止散落、丢失，要根据不同的情况采用不同的编号方法。

如果企业的各种经济业务的记账凭证采用统一的一种格式（通用格式），凭证的编号可采用顺序编号法，即按月编顺序号。业务极少的单位可按年编顺序号。如果是按照经济业务的内容加以分类，采用三种格式的记账凭证，记账凭证的编号应采用字号编号法，即把不同类型的记账凭证用字加以区别，再将同类记账凭证顺序号加以连续。三种格式的记账凭证，采用字号编号法时，具体地分别编为“收字第＊＊号”“付字第＊＊号”“转字第＊＊号”。例如，8月18日收到一笔现金，是该月第28笔收款业务，记录该笔经济业务的记账凭证的编号为“收字第28号”。如果一笔经济业务需要填制一张以上的记账凭证，记账凭证的编号可采用分数编号法。

（6）注明所附原始凭证的件（张）数。

在记账凭证上，必须注明所附原始凭证的件（张）数，并将有关原始凭证整理后，附在该记账凭证后面，表明一项经济业务发生后所涉及的、填制的全部会计凭证（结账和更正错账的凭证除外）。

（7）填写会计科目和编制会计分录。

按经济业务的性质，对原始凭证的内容进行归类，即在记账凭证上填写所涉及的会计科目（包括一级科目、子目或细目）时，会计科目应写全称，不得简写或只写编号而不写名称，不得用“、、”代替会计科目。必须按照会计制度统一规定的会计科目，根据经济业务的性质编制会计分录，以保证核算的口径一致，便于综合汇总。应用借贷记账法编制会计分录时，要编制简单会计分录或复合会计分录，以便从账户对应关系中反映经济业务的情况。

（8）规范地填写金额栏数字。

记账凭证的金额必须与原始凭证的金额相符。在填写金额数字时，阿拉伯数字的书写要规范，行次、栏次的内容要对应明确。金额数字要填写至分位，如果

角位、分位没有数字，要写“00”字样，如518.00元。如果角位有数字，分位没有数字，则要在分位上写“0”字样，如618.80元。角位、分位与“元”的位置应在同一水平线上，不得上下错开。

每一项经济业务填入金额数字后，要在记账凭证的合计行上填写金额，并在合计金额前标明人民币符号“¥”，合计金额要计算准确并保持借方与贷方之间的一致。

（9）注销记账凭证中的空行。

记账凭证填制经济业务事项后，如有空行，应当自金额栏最后一笔金额数字下的空行处至合计数上的空行处画斜线或一条“S”形线，以示注销（斜线两端都不能画到金额数字的行次上）。

3. 记账凭证的审核

（1）记账凭证是否附有原始凭证；所附原始凭证的内容是否与记账凭证的内容相符。

（2）根据原始凭证反映的经济内容所做的应借应贷会计科目的对应关系是否正确，借贷金额是否相等。

（3）记账凭证中规定的项目是否都已填列齐全，有关人员是否都已签名或盖章等。

（4）实行会计电算化的单位，对于机制记账凭证，要认真审核，做到会计科目使用正确和数字准确无误。打印出来的机制记账凭证要加盖制单人员、稽核人员及会计主管人员的印章，或者有他们的签名。

三、会计凭证的装订

会计凭证是企业、事业单位经济活动的见证和重要的历史资料，作为会计档案的重要组成部分，必须妥善加以保护和管理。

当期完成会计凭证的各项工作后，会计人员应对各种会计凭证加以汇总、整理，按记账凭证的编号顺序，连同所附的原始凭证或原始凭证汇总表，折叠一致，排列整齐，加具封面、封底，装订成册，并在装订线上加盖封签。

四、会计凭证模拟实训操作要求

在会计凭证模拟实训操作中，应将各种原始凭证剪下，粘贴在原始凭证粘贴纸上，并按经济业务先后顺序连续编号，作为记账凭证的附件，待记账凭证编制完毕以后，将其整理并装订成册，同时加具会计凭证封面，注明模拟企业名称、经济业务的年度、月份和起始日期，并由装订人（实训者）签名盖章。

第二节　会计账簿使用规则

一、账簿启用规则

账簿是企事业单位重要的会计档案，为了确保账簿记录的合法性和会计资料

的完整性，明确记账责任，在启用会计账簿时，应在账簿封面上写明单位名称和账簿名称。在账簿扉页上附“账簿使用登记表”，包括启用日期、账簿页数、记账人员和会计机构负责人姓名、会计主管人员姓名，并加盖人名章和单位公章。

启用订本式账簿，从第一页到最后一页应顺序编写页码，不得跳页、缺号。使用活页式账页，应按账户顺序编号，并定期装订成册。装订后再按实际使用的账页顺序编写页码，另加目录，记明每个账户的名称和页次。

二、账簿登记规则

(1) 会计人员必须根据审核无误的会计凭证，及时逐日逐笔登记完成登账工作，不得拖延、迟办。

(2) 登记账簿时，应当将记账凭证日期、种类、编号、经济业务内容摘要、金额和其他有关资料逐项填写入账，做到数字准确、登记及时、字迹工整。

(3) 每当一笔经济业务登账完毕，都要在相应的记账凭证上签名或盖章，并注明账簿的页数或用“√”符号表示已登记入账，以防止重记、漏记，并便于查阅、核对。

(4) 登记账簿必须使用蓝黑或者碳素墨水笔书写，不得使用铅笔或圆珠笔(银行的复写账簿除外)。红色墨水笔必须按照规定使用，如：画线、改错，或用红色墨水笔填写红字记账凭证冲销错误记录；在不设“借或贷”等栏的多栏式账页中，登记减少数；在三栏式账户中，如未印明余额方向的，在余额栏内登记负数余额。

(5) 账簿上记录的文字必须清晰、端正、简洁明了；数字书写要规范，并排列整齐，大小一致，上下位置对齐；文字、数字书写时，不占满格，紧靠本行底线，一般为行宽的三分之一或三分之二。

(6) 各种账簿必须按照编定的页次连续记录，不得隔页、跳行。如不慎发生隔页、跳行时，应将空页或空行画线注销，或者注明“此页空白”“此行空白”字样，并由记账人员在空白处签名或盖章。

(7) 凡需结出余额的账户，结出余额后，应当在“借或贷”等栏内写明“借”或“贷”等字样。没有余额的账户，应当在“借或贷”等栏内写“平”，并在余额栏内的“元”位上用“0”表示。库存现金日记账和银行存款日记账，必须逐日结出余额。

(8) 每一账页登记完毕结转下页时，应结出本页合计数及金额，写在本页最后一行和下页第一行有关栏内，注明“过次页”“承前页”等字样。

• 对需要结计本月发生额的账户，结计“过次页”的本页合计数应当为自本月初起至本页末止的发生额合计数。

• 对需要结计本年累计发生额的账户，结计“过次页”的本页合计数应当为自年初起至本页末止的累计数。

• 对既不需要结计本月发生额也不需要结计本年累计发生额的账户，可以只将每页末（倒数第二行）的余额结转次页。

（9）账簿记录发生错误时，不得随意涂改，更不能进行刮擦、挖补或用褪色药水更改消除字迹。发现错误后，应及时查找原因并视错账情况按规定的方法进行更正。

第三节 结 账

结账是指在把一定时期内所发生的全部经济业务登记入账，并保证做到账证相符、账账相符、账实相符的基础上，将各类账簿记录核算完毕，结出各种账簿本期发生额和期末余额的一项会计核算工作。

一、结账方法

（一）月度结账（月结）

月度结账（月结）即每月终了时进行的结账。月结时应注意在各月最后一笔经济业务的记载下面画一条通栏红线，在红线下面的一行“摘要”栏内注明“本月合计”或“本期发生额及期末余额”，在“借方”“贷方”“余额”三栏中分别计算出本月借方发生额合计、贷方发生额合计和余额，然后在此行下面画一条通栏红线，表明本期结算完毕。

（二）季度结账（季结）

季度结账（季结）即每季度终了时进行的结账。季结时应注意在每季度最后一个月的月度结账的下一行“摘要”栏注明“本季度累计”或“本季度发生额及余额”，在“借方”“贷方”“余额”三栏分别计算出本季度三个月的借方、贷方发生额合计数及季末余额，然后在此行下面画一条通栏红线，表示季度结算完毕。

（三）年度结账（年结）

年度结账（年结）即每年年末进行的结账。年度终了结账时，所有总账账户都应当结出全年发生额和年末余额。年度结账应注意在本年最后一个季度的季度结账的下一行“摘要”栏注明“本年累计”或“本年发生额及年末余额”，在“借方”“贷方”“余额”三栏分别填入本年度借方发生额合计、贷方发生额合计、年末余额，然后在此行下面画两条通栏红线，表示全年经济业务的登账工作至此全部结束。

二、更换账簿

新的年度开始，应按会计制度的规定更换账簿。总账、日记账和大部分明细账要每年更换一次，有些明细账如固定资产卡片账，若年度内变化不多，年初可不必更换账簿。

更换账簿的具体方法是：结转账簿年度余额时，在本账簿中最后一笔记录（即本年累计）的下一行“摘要”栏注明“结转下年”字样，将计算出的年末余额记入与余额方向相反的“借方（或贷方）”栏内，在“借或贷”栏注明“平”，在“余额”栏内注明“0”。

下一个会计年度，在新建的有关会计账簿的第一行“摘要”栏注明“上年结转”，并将相关账户上年结转的余额列入“余额”栏，同时标明余额的借贷方向（余额方向应与上一个会计年度本账户的余额方向相同）。

第四节　会计报表编制规则和编制方法

一、资产负债表的编制

资产负债表是反映企业在会计报告期末全部资产、负债和所有者权益情况的报表。它是一张揭示企业在一定时点上财务状况的静态报表。

（一）编制规则

由于资产负债表反映的是企业某一时点的财务状况，所以其编制的规则是：按资产、负债、所有者权益三类账户的期末余额填列，即在会计期间终了时，由会计人员办理调整与结账之后，按总分类账户和有关明细账户上资产、负债和所有者权益三类账户的余额汇编。

（二）编制方法

（1）根据总账科目借方余额直接填列，如短期借款、应付票据、应交税费等。

（2）根据总账科目借方余额计算填列，如“货币资金”（库存现金＋银行存款＋其他货币资金）、存货等。

（3）根据明细科目余额方向计算填列，如“预付账款、应付账款”“预收账款、应收账款”等。

（4）根据总账科目和明细科目余额分析计算填列，如“长期借款”总账要扣除“一年内到期的长期借款”部分。

（5）根据科目余额减去其备抵项目后的净额填列，如“无形资产”减去累计摊销无形资产跌价准备后填列，“应收账款”减去坏账准备后填列。

二、利润表的编制

利润表是反映企业在一定会计期间经营成果的动态报表。

（一）编制规则

由于利润表主要提供企业一定时期经营成果方面的信息，所以其编制的规则

是：按照当期各损益类账户的实际发生额填列。

（二）编制方法

（1）“营业收入”项目，根据“主营业务收入”和“其他业务收入”账户发生额之和填列。

（2）“营业成本”项目，根据“主营业务成本”和“其他业务成本”账户发生额之和填列。

（3）“营业税金及附加”项目，根据“营业税金及附加”账户的发生额填列。

（4）“管理费用”项目，根据“管理费用”账户的发生额分析填列。

（5）“销售费用”项目，根据“销售费用”账户的发生额填列。

（6）“财务费用”项目，根据“财务费用”账户的发生额分析填列。

（7）“资产减值损失”项目，根据“资产减值损失”账户的发生额填列。

（8）“公允价值变动损益”项目，根据“公允价值变动损益”账户分析填列。

（9）“投资收益”项目，根据“投资收益”账户分析填列。

（10）“营业外收入”项目，根据“营业外收入”账户的发生额填列。

（11）“营业外支出”项目，根据“营业外支出”账户的发生额填列。

（12）“非流动资产处置损失”项目，根据“非流动资产处置损失”账户的明细科目发生额填列。

（13）“所得税费用”项目，根据“所得税费用”账户的发生额填列。

（14）“净利润”项目，根据企业实现的税后利润额填列。如为净亏损，则以“—”号填列。

（15）“基本每股收益”项目，根据《企业会计准则第34号——每股收益》准则规定计算填列。

（16）“稀释每股收益”项目，根据《企业会计准则第34号——每股收益》准则规定计算填列。

第二章　实训教学组织安排及其设计

第一节　实训教学组织安排

会计实训教学组织工作，是会计模拟实训得以顺利完成的基本保证，为此，必须做好以下各项组织工作。

一、专班指导

成立以教研室主任为组织领导、任课老师为专业指导、会计模拟实验员为个别辅导、各班学习委员为信息传导的四结合实训领导小组，全面负责会计模拟实训教学的组织工作。领导小组一方面要督促实训指（辅）导老师按模拟实训教学要求，严格履行其实训指（辅）导的工作职责，以保质保量地完成会计模拟实训指（辅）导工作；另一方面要加强学生模拟实训的日常管理。实训结束后，领导小组应组织指（辅）导教师对学生的模拟实训成绩进行评定。

（一）对指（辅）导教师的要求

（1）实训指（辅）导教师应根据《会计学原理实训教程》的教学要求，认真组织所在班级学生的实训指导工作。

（2）实训指（辅）导教师应在学生操作实训前，做好一切准备工作：按用量备好学生操作用的记账凭证、原始凭证粘贴纸、会计凭证封面、会计账簿、科目汇总表、会计报表、凭证装订机、装订夹、胶水、装订纸、装订线等。

（3）实训指（辅）导教师应主动、热情、耐心地进行实训指导。

（4）实训结束后，实训指（辅）导教师应组织班级评审小组根据评分标准对每位同学的实训成绩认真地进行评审，评出实训成绩并上报备案，实训作业装入学生实习业务档案，并妥善保管。各班评定出班级优秀实训作业 5 份，并上报实训领导小组。

（5）实训领导小组在对各班推荐上报的优秀实训作业进行审核的基础上，评定出年级实训操作优秀奖若干人（占全班总人数的 15%），以资鼓励。

（二）对实训学生的要求

（1）在实训操作前，必须做好相应的准备工作，其中包括：全面复习会计学原理的基本理论及基本方法；备好实训用品、用具（如实训教程、文具袋、各色钢笔、草稿纸、文具刀、胶水等）。

（2）严格遵守实训纪律，不迟到，不早退，不无故缺席。实训期间保证每天6课时的实训操作。

（3）积极配合实训指（辅）导教师的教学组织，按照实训进度和操作要求，认真完成实训操作任务。

（4）在实训全过程中，注意做到书本知识与实际操作相结合、独立操作与教师指导相结合及锻炼思维意识与提高核算质量相结合。

（5）根据《会计学原理实训教程》操作要求，规范、认真地完成实训任务，模拟实训结束后写出个人实训小结。

二、实训成绩考评标准

（一）分数等级

优：90分及以上　　良：78～89分

中：66～77分　　及格：60～65分　　不及格：60分以下

（二）分数构成

正确性：40分　　及时性：10分　　清晰性：10分

规范化：20分　　实训态度：10分　　实训纪律：10分

（三）扣分标准

（1）正确性：各项经济业务应按规范化账务处理流程进行并要求准确无误。一般数据每错一笔扣1分，关键数据每错一笔扣3分，借、贷方向错位每错一笔扣2分。

（2）及时性：按时上交实训作业，每超过规定进度一天扣2分，超过3天以上不得分。

（3）清晰性：汉字、阿拉伯数字的书写要整洁、清晰、规范，不顶格、不涂改、不刮擦。如有违反，一处扣1分。

（4）规范化：填制凭证、登记账簿及编制会计报表，必须按规范化要求操作。若有违规，一处扣1分。

（5）实训态度：积极思考，独立操作，严禁抄袭，若有违规现象，实训态度以“0”分计算。

（6）实训纪律：实训期间不得迟到、早退及无故缺席。迟到、早退每次扣1分，无故缺席每次扣2分。

三、实训成绩评审表

实训成绩评审表如下所示。

学生实训成绩评审表

20　　年　　月　　日

班　级		姓　名		成　绩	
个人实训小结					
评审组意见					
指（辅）导教师评语					

第二节　实训教学设计

一、实训目的

本实训教程模拟了江津市新华工贸有限公司 201×年 12 月份的全部经济业务，通过这套模拟实训操作，让学生能够较系统地在所学会计学原理理论知识的基础之上，熟练地掌握小型制造企业会计核算的基本方法，从而使学生对小型制造企业的会计核算全过程有一个较系统、较完善的认识，并能达到将所学会计理

论与会计操作技能融会贯通之目的。

二、实训要求

（1）仔细阅读会计主体设计，了解企业概况，掌握企业会计制度。

（2）仔细阅读实训操作程序设计，严格按照操作流程对江津市新华工贸有限公司 201×年 12 月份发生的经济业务进行相应的账务处理。

三、实训操作设计

（一）会计主体设计

（1）企业概况。

①名称：新华工贸有限公司。

②性质：合资企业。

③地址：中华路 819 号。

④电话：87369842。

⑤开户行：工商银行中华路分理处。

⑥账号：121081932928。

⑦税务登记号：210102243765613。

⑧法人代表：杨明。

（2）江津市新华工贸有限公司主要生产 A、B 两种产品，生产所耗用材料为甲、乙两种材料。该企业注册资金为 400 万元，拥有资产总额 900 多万元，全厂职工 335 人。

（3）江津市新华工贸有限公司设有公司办公室、业务科、财务科、基本生产车间等。财务科有 4 人，财务科长李明全面负责财务科工作，审核业务及会计报表；出纳员吴兰负责货币资金的收付、有关凭证的填制及库存现金日记账和银行存款日记账的登记；会计主管许鹏举负责材料采购、入库、领用等业务凭证的填制，各种成本、费用的归集、分配及成本计算等经济业务的账务处理；记账员陈艳负责销售业务的日常管理核算、相关凭证的填制、利润的计算及分配，定期汇总编制科目汇总表并登记总账。

（二）企业会计制度设计

（1）记账方法：借贷复式记账法。

（2）会计科目：使用财政部统一规定的会计科目。

（3）库存现金限额：人民币 3 000 元。

（4）存货：包括原材料、低值易耗品、包装物、库存商品等，按实际成本核算，出库单价按加权平均单价计算，包装物、低值易耗品的摊销采用一次摊销法。

（5）产品成本计算采用品种法。

（6）固定资产折旧采用直线法。

（7）职工福利费、工会经费，分别按应付工资总额 14%、2%的比例计提。

（8）职工教育经费按应付工资总额 1.5%的比例计提。

（9）税费的计算。

①增值税：本企业为增值税一般纳税人，按基本税率 17%计缴。

②营业税：按出售固定资产及转让无形资产收入的 5%计缴。

③城市维护建设税：按增值税、营业税之和的 7%计缴。

④教育费附加：按增值税、营业税之和的 3%计缴。

⑤企业所得税：企业所得税率为 25%（假设该企业本年度无纳税调整事项）。

（10）201×年 1—11 月份累计净利润为 287 100 元。以前年度累计未分配利润为 189 646 元。

（11）利润分配。

①法定盈余公积：按净利润的 10%计提。

②任意盈余公积：按净利润的 5%计提。

③应付投资者股利：按净利润的 50%计提。

（三）账簿组织设计

1. 记账凭证组织

该公司采用科目汇总表核算形式，其记账凭证组织设置为通用记账凭证和科目汇总表。记账凭证编号按经济业务发生的顺序统一编号。

2. 账簿组织

分别开设总账、日记账、明细分类账。总账、日记账采用订本式账簿三栏式账页；往来账采用活页式明细账簿三栏式账页；“存货”类、“固定资产”等采用数量金额式明细账。“生产成本”“制造费用”“管理费用”“销售费用”“财务费用”等采用多栏式明细账。

（四）操作程序设计

（1）将江津市新华工贸有限公司 201×年 11 月份有关账户的期末余额，填入相关账页。

（2）根据审核无误的原始凭证及原始凭证汇总表，填制记账凭证。

（3）根据审核无误的记账凭证或原始凭证，逐笔登记“库存现金日记账”“银行存款日记账”和其他相关明细账。

（4）根据记账凭证按月进行汇总，编制会计科目汇总表，并据以登记总分类账。

（5）采用品种法计算完工产品成本。

（6）采用账结法核算12月份利润总额，年终对全年净利润进行分配，并结清除了“利润分配—未分配利润”以外的所有“利润分配”明细账。

（7）对账和结账。

（8）根据有关资料，编制“资产负债表”和“利润表”。

四、实训时间安排

实训时间安排表

20　　年　　月　　日

	星期	时间	实训内容
校内实训周	一	上午	实训动员，分组学习讨论实训设计要求，分发实训用品
		下午	根据《会计学原理实训教程》，按要求开设总分类账及明细分类账，并登记期初余额。 审核《会计学原理实训教程》的12月1日至5日的原始凭证，并填制记账凭证
	二	上午	审核《会计学原理实训教程》的12月6日至20日的原始凭证，并填制记账凭证
		下午	审核《会计学原理实训教程》的12月21日至29日的原始凭证，并填制记账凭证
	三	上午	审核《会计学原理实训教程》的12月30日至31日的原始凭证，并填制记账凭证
		下午	根据审核无误的记账凭证或原始凭证，逐笔登记库存现金、银行存款日记账和其他相关明细账，并进行月结
	四	上午	根据审核无误的记账凭证按月汇总、编制会计科目汇总表并据以登记总分类账，同时进行月结
		下午	编制资产负债表 编制利润表
	五	上午	装订凭证，整理账簿 个人小结，班组评议
		下午	指（辅）导教师讲评、考核

第三章 实训资料

第一节 模拟实训基础资料

（1）江津市新华工贸有限公司 201×年 11 月 30 日有关账户总账和明细账资料如下表所示（单位：元）。

总账科目	明细科目	借方		贷方	
		总账金额	明细账金额	总账金额	明细账金额
库存现金		3 288	3 288		
银行存款		1 515 400.88	1 515 400.88		
交易性金融资产		1 754	1 754		
应收票据	海天贸易公司	15 000	15 000		
应收账款	天立公司	50 000	50 000		
坏账准备				1 200	1 200
周转材料		63 400			
	低值易耗品		39 400		
	包装物		24 000		
原材料		108 000			
	甲材料		78 000		
	乙材料		30 000		
生产成本		66 280			
	A 产品		42 228		
	B 产品		24 052		
库存商品		251 212			
	A 产品		123 712		
	B 产品		127 500		
固定资产		7 120 000			
	生产用		5 980 000		
	非生产用		850 000		
	不需用		290 000		
累计折旧				854 120	854 120
无形资产		174 560			
	专利权		124 300		
	非专利技术		50 260		

续表

总账科目	明细科目	借方		贷方	
		总账金额	明细账金额	总账金额	明细账金额
待摊费用		16 038			
	房租费		6 700		
	财产保险费		1 851		
	低值易耗品摊销		7 487		
长期待摊费用	开办费	8 500	8 500		
固定资产清理		8 200	8 200		
短期借款	市工商银行			800 000	800 000
应付票据				200 000	200 000
其他应付款				10 754	
	大发公司				9 000
	代扣水电费				1 754
应付账款				300 000	
	光明贸易公司				255 000
	大兴公司				45 000
应付职工薪酬				99 865.88	
	工资				80 000
	福利费				19 865.88
应交税费				12 184	
	应交城建税				1 105.24
	应交增值税				11 078.76
实收资本				4 000 000	
	法人投资				1 720 000
	国家投资				2 280 000
资本公积				450 000	450 000
盈余公积				2 196 763	
	法定盈余公积				1 980 000
	任意盈余公积				216 763

续表

总账科目	明细科目	借方		贷方	
		总账金额	明细账金额	总账金额	明细账金额
本年利润				287 100	287 100
利润分配				189 646	
	未分配利润				189 646
合　计		9 401 632.88		9 401 632.88	

（2）有关账户的明细资料。

①原材料账户明细账。

原材料名称	计量单位	数量	单价/元	金额/元
甲材料	千克	3 000	26.00	78 000.00
乙材料	千克	2 000	15.00	30 000.00
合　计				108 000.00

②生产成本明细账。

产品名称	成本项目			
	直接材料/元	直接人工/元	制造费用/元	合计/元
A产品	37 000	3 420	1 808	42 228
B产品	20 000	2 960	1 092	24 052
合　计	57 000	6 380	2 900	66 280

③库存商品明细账。

产品名称	计量单位	数量	单价/元	金额/元
A产品	件	200	618.56	123 712.00
B产品	件	500	255.00	127 500.00
合　计				251 212.00

第二节　模拟实训业务资料

江津市新华工贸有限公司201×年12月发生以下经济业务。

(1) 12 月 1 日采用电汇结算方式预付江城贸易公司货款 50 000 元。

1-1

中国工商银行信汇凭证（回　单）

委托日期　201×年12月1日　　　　第　号

<table>
<tr><td rowspan="3">汇款人</td><td>全　称</td><td colspan="3">新华工贸有限公司</td><td rowspan="3">收款人</td><td>全　称</td><td colspan="3">江城贸易公司</td></tr>
<tr><td>账　号
或住址</td><td colspan="3">121081932928</td><td>账　号
或住址</td><td colspan="3">811543780523</td></tr>
<tr><td>汇出地点</td><td>江津市</td><td>汇出行
名称</td><td>中华路
分理处</td><td>汇入地点</td><td>峡口市</td><td>汇入行
名称</td><td>工行浦
江办</td></tr>
<tr><td>金额</td><td colspan="5">人民币（大写）伍万元整</td><td colspan="4">千 百 十 万 千 百 十 元 角 分
¥ 5 0 0 0 0 0 0</td></tr>
<tr><td colspan="6">汇款用途：预付货款</td><td colspan="4" rowspan="3">汇出盖章
中国工商银行江津市中华路分理处 201×.12.1 业务章
201×年12月1日</td></tr>
<tr><td colspan="6">上列款项已根据委托办理，如需查询，请持此回单来行面洽。</td></tr>
<tr><td colspan="6">单位主管　会计　复核　记账</td></tr>
</table>

此联是汇出行给汇款人的回单

(2) 12 月 1 日业务科借支备用金 4 000 元。

2-1

中国工商银行现金支票存根

支票号码 88866546

科　　目

对方科目

出票日期　201× 年 12 月 1 日

收款人：新华工贸有限公司

金　额：4000.00

用　途：备用金

单位主管　　　会计

借　　支　　单

201×年12月1日　　　　部门：业务科

<table>
<tr><td>借支人姓名</td><td colspan="3">王　风</td><td>职　务</td><td colspan="3"></td></tr>
<tr><td>借支事由</td><td colspan="7">备用金</td></tr>
<tr><td>人民币
（大写）</td><td colspan="7">肆仟元整　　¥ 4000.00</td></tr>
<tr><td>核准</td><td>张阳</td><td>会计</td><td>许鹏举</td><td>出纳</td><td>吴兰</td><td>借支人</td><td>王风</td></tr>
</table>

4808 统一凭证系列

6923304761115

(3) 12 月 3 日购入甲材料 5 000 千克，单价 24.50 元，供货方代垫该批材料运费 3 000 元，上述材料已验收入库，货款、运费以银行存款支付。

3-1

增值税专用发票

No

开票日期：201×年12月3日

购货单位	名称：新华工贸有限公司					密码区	（略）
	纳税人识别号：210102243765613						
	地址、电话：中华路819号 87369842						
	开户行及账号:工商银行中华路分理处121081932928						

商品及劳务名称	规格型号	计量单位	数量	单价	金额	税率(%)	税额
甲材料		千克	5000	24.50	122500.00	17	20825.00
合计					¥122 500.00		¥20 825.00
价税合计	（大写）⊕壹拾肆万叁仟叁佰贰拾伍元零角零分 （小写）¥143 325.00						

销货单位	名称：江城贸易公司	备注	
	纳税人识别号：210716643765294		
	地址、电话：峡口市浦江路263号 88156666		江城贸易公司 税号：210716643765294 发票专用章
	开户行及账号:工商银行浦江办 811543780523		

第二联 发票联 购货方记账联

收款人：古月 复核人：江心 开票人：高昂 开票单位（盖章）：

3-2

汽车运费结算单

201×年 12 月 3 日　　　　　　　　第 4455 号

发货单位：江城贸易公司	备注：代新华工贸有限公司垫付		
收货单位：新华工贸有限公司			
承运单位：天城汽车运输队	车号：4158 号	吨位 10 吨	里程 120 千米
货物件数：	运费：¥3 000.00		

交委托单位

（有关人员签章）游礼

天城汽车运输 收款专用章

3-3

新华工贸有限公司材料验收单

No 75482

类别：材料类　　　　验收日期：201×年 12 月 3 日　　　　材料仓：一号仓

发货票号	名　称	规格	单位	购进			验收		
				数量	单价	金额/元	数量	单价	金额/元
	甲材料		千克	5 000	24.50	122 500	5 000	24.50	122 500
	运杂费					3 000			
供货单位	江城贸易公司			合计		¥125 500.00			
制　单	肖晓		验　收		江一凡		验收日期	201×年 12 月 3 日	

3-4

中国工商银行　　转账支票存根

支票号码 0422681

科　　目

对方科目

出票日期 201×年 12 月 3 日

收款人：江城贸易公司

金　额：146 325.00

用　途：购材料款

备　注：

单位主管　　　　会计

（4）12 月 3 日以现金 490 元购买办公用品一批。

4-1

江津市商业零售企业统一发票

购货单位：新华工贸有限公司　　第二联：发票联　　201×年 12 月 3 日

货号	名称	规格	等级	单位	数量	单价	金额								
							百	十	万	千	百	十	元	角	分
	复印纸			箱	5	98.00					4	9	0	0	0
合计金额（大写）：×万×仟肆佰玖拾零元零角零分										¥	4	9	0	0	0

此联为报销凭证

单位盖章：（江津市文具用品商店 现金收讫）　　收款人：王凤　　制票人：洪英

4-2

现金支出凭证

出纳编号..........

贷方科目：现金　　　　201×年 12 月 3 日　　　　制单编号..........

摘　　要	借方科目		金　　额
	总账科目	明细科目	
购办公用品	管理费用	办公费	490.00
合　　计			￥490.00
人民币（大写）	肆佰玖拾元整		

复核：李明　　　　会计主管：许鹏举　　　出纳：吴兰　　　　领款人签章：肖晓

（5）12 月 5 日向南方贸易公司投资闲置设备一台，该设备原值 200 000 元，已提折旧 40 000 元，评估价值为 180 000 元。

5-1

固定资产调拨单

201×年 12 月 5 日　　　　　　第　　号

投资单位名称	新华工贸有限公司				接受投资单位		南方贸易公司	
固定资产名称	规格型号	单位	数量	预计使用年限	已使用年限	原始价值	已提折旧	备注
设备		台	1	10	2	200 000.00	40 000.00	不需要设备
技术鉴定		设备完好			评估价值		180 000.00	

单位签章：新华工贸有限公司　　　　　　　　接受投资单位签章：南方贸易公司

新华工贸有限公司 设备科

南方贸易公司 财务专用章

5-2

投 资 协 议 书

经双方协商，新华工贸有限公司将机器一台原值20万元（已提折旧4万元）向南方贸易公司投资，期限为10年，每年按投资比例分配税后利润。

特签此协议

甲方投资单位：新华工贸有限公司

乙方接受投资单位：南方贸易公司

201×年 12 月 5 日

（6）12 月 6 日以银行存款实际上缴上月增值税、城市维护建设税。

6-1

中　华　人　民　共　和　国

隶属关系

税　收　通　用　缴　款　书

注册类型：其他有限责任公司 填发日期：201×年12月6日　征收单位：江津市国家税务局中华分局

<table>
<tr><td rowspan="4">缴款单位(人)</td><td>代　码</td><td colspan="2">420106714659582</td><td rowspan="3">预算科目</td><td>编码</td><td colspan="2">010120</td></tr>
<tr><td>全　称</td><td colspan="2">江津市新华工贸有限公司</td><td>名称</td><td colspan="2">增值税税款收入</td></tr>
<tr><td>开户行</td><td colspan="2">工商银行中华路分理处</td><td>级次</td><td colspan="2">中央75%县区25%</td></tr>
<tr><td>账　号</td><td colspan="2">121081932928</td><td colspan="2">收款国库</td><td colspan="2">中华路支库</td></tr>
<tr><td colspan="4">税款所属时期201×年11月1日 至 201×年11月31日</td><td colspan="4">税款限额日期：201×年12月15日</td></tr>
<tr><td colspan="2">品目名称</td><td>课税数量</td><td>计税金额或销售收入</td><td>税率或单位税额</td><td>已缴或扣除额</td><td colspan="2">实缴金额</td></tr>
<tr><td colspan="2">增值税收入</td><td></td><td></td><td></td><td></td><td colspan="2">11 078.76</td></tr>
<tr><td colspan="2">金额合计</td><td colspan="4">（大写）壹万壹仟零柒拾捌元柒角陆分</td><td colspan="2">¥11 078.76</td></tr>
<tr><td colspan="2">缴款单位(人)
（盖章）
经办人：</td><td>税务机关
江津市国家税务局中华分局 1-1号 征税专用章
（盖章）
填票人:李强</td><td colspan="3">上列款项已收妥并划转收款单位账户
国库(银行)盖章　　年　月　日
05568179813647</td><td colspan="2">备注：
8866546　（印）
420102690329121</td></tr>
</table>

无银行收讫章无效

第一联（收据）国库（经收处）收款盖章后退回缴款单位（人）作完税凭证

逾期不缴按税法规定加收滞纳金

6-2

中　华　人　民　共　和　国

隶属关系

税　收　通　用　缴　款　书

注册类型：其他有限责任公司　填发日期：201×年12月6日　征收单位：江津市地方税务局中华分局

缴款单位(人)	代　码	420106759859361	预算科目	编码	012632
	全　称	江津市新华工贸有限公司		名称	城市维护建设税收入
	开户行	工商银行中华路分理处		级次	
	账　号	121081932928	收款国库		中华路支库
税款所属时期 201×年11月1日至 201×年11月31日			税款限额日期：201×年12月15日		

品目名称	课税数量	计税金额或销售收入	税率或单位税额	已缴或扣除额	实缴金额
城市维护建设税收入					1 105.24
金额合计	（大写）壹仟壹佰零伍元贰角肆分				¥1 105.24
缴款单位(人) （盖章） 经办人：	税务机关 江津市地方税务局中华分局 1-1号 征税专用章 （盖章） 填票人:钟瑞	上列款项已收妥并划转收款单位账户 国库（银行）盖章　年　月　日 06647479813621			备注： 6621546(印) 420102710621978

无银行收讫章无效

第一联（收据）国库（经收处）收款盖章后退回缴款单位（人）作完税凭证

逾期不缴按税法规定加收滞纳金

（7）12 月 6 日向长征工贸公司购入乙材料 6 000 千克，单价 15.40 元，该批材料运费 3 000 元，上述材料已验收入库，货款未付。

7-1

增值税专用发票

发票联

No

开票日期：201×年12月6日

<table>
<tr><td rowspan="4">购货单位</td><td colspan="6">名称：新华工贸有限公司</td><td rowspan="4">密码区</td><td rowspan="4">(略)</td></tr>
<tr><td colspan="6">纳税人识别号：210102243765613</td></tr>
<tr><td colspan="6">地址、电话：中华路819号 87369842</td></tr>
<tr><td colspan="6">开户行及账号：工商银行中华路分理处121081932928</td></tr>
<tr><td>商品及劳务名称</td><td>规格型号</td><td>计量单位</td><td>数量</td><td>单价</td><td colspan="2">金额</td><td>税率（%）</td><td>税额</td></tr>
<tr><td>乙材料</td><td></td><td>千克</td><td>6 000</td><td>15.40</td><td colspan="2">92 400.00</td><td>17</td><td>15 708.00</td></tr>
<tr><td></td><td></td><td></td><td></td><td></td><td colspan="2"></td><td></td><td></td></tr>
<tr><td></td><td></td><td></td><td></td><td></td><td colspan="2"></td><td></td><td></td></tr>
<tr><td></td><td></td><td></td><td></td><td></td><td colspan="2"></td><td></td><td></td></tr>
<tr><td></td><td></td><td></td><td></td><td></td><td colspan="2"></td><td></td><td></td></tr>
<tr><td></td><td></td><td></td><td></td><td></td><td colspan="2"></td><td></td><td></td></tr>
<tr><td>合计</td><td></td><td></td><td></td><td></td><td colspan="2">¥92 400.00</td><td></td><td>¥15 708.00</td></tr>
<tr><td>价税合计</td><td colspan="8">（大写）⊕壹拾万捌仟壹佰零捌元零角零分　　（小写）¥108 108.00</td></tr>
<tr><td rowspan="4">销货单位</td><td colspan="6">名称：长征工贸公司</td><td rowspan="4">备注</td><td rowspan="4"></td></tr>
<tr><td colspan="6">纳税人识别号：224983245459894</td></tr>
<tr><td colspan="6">地址、电话：江津市朝阳路88号 61886888</td></tr>
<tr><td colspan="6">开户行及账号：工商银行朝阳支行922091541688</td></tr>
</table>

第二联 发票联 购货方记账联

收款人：张飞　　复核人：李娜娜　　开票人：江一凡　　开票单位（盖章）：

长征工贸公司
税号：224983245459894
发票专用章

7-2

运 费 结 算 单

201×年 12 月 6 日

承运单位：长征工贸公司车队

托运单位：新华工贸有限公司	
运费金额：（大写）叁仟元整	¥3 000.00
货物：乙材料6 000千克	
验收：按单验收无误	验收人：冯平
财会： 核 销 运费列入乙材料实际成本	

长征工贸公司车队 公章 业务专用章

7-3

材料入库通知单

新华工贸有限公司　　填报日期 201×年 12 月 6 日　　№ 75483

材料名称	材质	规格	单位	数量		单价	金额	运杂费	金额合计	发货单位	
				凭证	实收						
乙材料		Ö5 mm	千克	1	6 000	15.40	92 400	3 000	95 400		
										合同号	
合计							92 400	3 000	95 400		

第二联 记账联

会计主管：许鹏举　　业务科长：郭子峰　　仓库验收：钟诚　　采购员：张小宁

（8）12 月 6 日签发现金支票，从银行提取现金 500 元，备用。

8-1

中国工商银行现金支票存根

支票号码 88866547

科　　目

对方科目

出票日期 201×年 12 月 6 日

收款人：新华工贸有限公司

金　额：500.00

用　途：备用

备　注：

单位主管　　会计

（9）向海城公司购进原材料采用托收承付结算方式。购入甲材料 1 000 千克，单价 25.00 元，乙材料 2 000 千克，单价 15.00 元，两种材料共发生运费 2 000元，增值税款 9 350 元，总计金额 66 350 元，12 月 6 日收到托收承付结算凭证，款已付。材料尚未办理入库手续。

9-1

第　号
托收号码：

电

托收承付凭证（承付支款通知）

委托日期 201× 年12月6日

承 付 期 限
到期 201×年 12 月 6 日

付款人	全　称	新华工贸有限公司	收款人	全　称	海城公司		
	账号或地址	121081932928		账　号	337876		
	开户银行	工商银行中华路分理处		开户银行	沙田办事处	行号	
托收金额	人民币（大写）	陆万陆仟叁佰伍拾元整			千百十万千百十元角分		¥6635000
附　件		商品发运情况			合同名称号		
附寄单证张数或册数	2	发运					
备注 电划		付款人注意： 1. 根据支付结算办法规定，上列托收款项，如超过承付期限并未拒付时，即视同全部承付，如系全部支付即以此联付支款通知；如遇延付或部分支付时，再由银行另送延付或部分的支款通知。 2. 需提前承付或多承付时，应另写书面通知送银行办理。 3. 如系全部或部分拒付，应在承付期内，另外将拒绝承付理由书送银行办理。					

主管单位　　会计　　复核　　记账　　付款单位开户银行12月4日

（印章：中国工商银行××市中华路分理处 201×.12.6 业务章）

9-2　汽车货物运费结算单

201×年 12 月6日　　第008号

发货单位：海城公司		说明：新华工贸有限公司垫付	
收货单位：新华工贸有限公司		由收货单位担负	
承运单位：四通汽车运输队		里程：300千米	
货物件数	甲材料 1 000千克 乙材料 2 000千克	运费：¥2 000.00	人民币大写：贰仟元整

交收货单位

（有关人员签章）

（印章：四通汽车运输队（公章）业务专用章）

9-3

增值税专用发票

发票联

No

开票日期：201×年12月6日

购货单位	名称：新华工贸有限公司	密码区	（略）
	纳税人识别号：210102243765613		
	地址、电话：中华路819号 87369842		
	开户行及账号：工商银行中华路分理处121081932928		

商品及劳务名称	规格型号	计量单位	数量	单价	金额	税率（%）	税额
甲材料		千克	1 000	25.00	25 000.00	17	4 250.00
乙材料		千克	2 000	15.00	30 000.00	17	5 100.00
合计					¥55 000.00		¥9 350.00
价税合计	（大写）⊕陆万肆仟叁佰伍拾元零角零分					（小写）¥64 350.00	

销货单位	名称：海城公司	备注	海城公司 税号：2251849281049 发票专用章
	纳税人识别号：2251849281049		
	地址、电话：海城路352号61186188		
	开户行及账号：工商银行海城路支行114064961223		

第二联 发票联 购货方记账联

收款人：夏天　　复核人：姚洁　　开票人：林聪　　开票单位（盖章）：

9-4

材料采购运杂费分配表

201×年 12 月 6 日

供货单位	海城公司			
材料名称	分配标准（买价）	分配率	分配金额	备注
甲材料	25 000.00	0.036 4	910.00	
乙材料	30 000.00	0.036 4	1 090.00	
合　计	55 000.00		2 000.00	

复核：李明　　会计主管：许鹏举　　制表：陈艳

(10) 12 月 7 日开出现金支票，从银行提取现金 76 553 元，发放本月职工工资，代扣款项先扣后付。

10-1

工资结算汇总表

201×年 12 月 7 日　　　　单位：元

车间、部门类型		职工人数	标准工资	应扣工资		工资性津贴		应付工资	代扣款项				实发金额
				缺勤事假	病假	小计	各项福利性津贴		水电费	家属医药费	保险费	合计	
基本生产车间	管理人员	9	4 500	300	1 200	2 000	2 000	5 000	55	142	150	347	4 653
	生产工人	291	55 000	1 656.40	2 808.80	7 465.20	7 465.20	58 000	352.44	723	924.56	2 000	56 000
	小计	300	59 500	1 956.40	4 008.80	9 465.20	9 465.20	63 000	407.44	865	1 074.56	2 347	60 653
企业管理部门		15	6 050	100	350	1 400	1 400	7 000	150	100	200	450	6 550
业务部门		20	8 500	200	500	2 200	2 200	10 000	200	150	300	650	9 350
总　计		335	74 050	2 256.40	4 858.80	13 065.20	13 065.20	80 000	757.44	1 115	1 574.56	3 447	76 553

10-2

中国工商银行现金支票存根

支票号码 88866548

科　　目 ______

对方科目 ______

出票日期 201×年 12 月 7 日

收款人：新华工贸有限公司

金　额：76553.00

用　途：发放工资

单位主管　　　　会计

（11）12 月 8 日以转账支票支付印花税票款 580 元。

11-1

江津市税务局印花税票报销专用凭证

No 703550

购货单位：新华工贸有限公司　　地址：中华路 819 号　　201×年 12 月 8 日

印花税票面值	单位	数量	金额							备注
			十万	千	百	十	元	角	分	
壹角	枚									
贰角	枚									
伍角	枚									
壹元	枚									
贰元	枚	20				4	0	0	0	
伍元	枚	10				5	0	0	0	
壹拾元	枚	4				4	0	0	0	
伍拾元	枚	5			2	5	0	0	0	
壹佰元	枚	2			2	0	0	0	0	
合计人民币（大写）伍佰捌拾元整				¥	5	8	0	0	0	

第一联　收据联

经办单位　江津市税务局洪山区分局 第四税务所印花税收讫章　　　经办人　江三

11-2

中国工商银行　　转账支票存根

支票号码 0422683

科　　目

对方科目

出票日期 201×年 12 月 8 日

收款人：市税务局洪山区分局

金　额：580.00

用　途：付印花税票

单位主管　　　　会计

（12）12 月 11 日一车间技术员王成出差，预借差旅费 3 000 元，以现金支票付讫。

12-1

借 款 单

单位：一车间　　　　　201×年 12 月 11 日

借款人姓名	王成		
借款事由	出差预借差旅费		
人民币（大写）	叁仟元整　　　　¥3 000.00		
领 导 意 见	同意借款	备注（签字）	赵亮

复核：李明　　　　会计主管：许鹏举　　　　出纳：吴兰　　　　借支人：王成

12-2

中国工商银行现金支票存根

支票号码 88866549

科　　目

对方科目

出票日期 201×年 12 月 11 日

收款人：王　成

金　额：3 000.00元

用　途：借差旅费

单位主管　　　　会计

（13）12 月 12 日开出转账支票一张，支付明年上半年财产保险费 4 800 元。

13-1

中国银行　　转账支票存根

支票号码 0422684

科　　目

对方科目

出票日期 201×年 12 月 12 日

收款人：中城保险股份有限公司

金　额：4 800.00

用　途：付财产保险费

单位主管　　　会计

13-2

ORIGINAL　　中城保险股份有限公司　　No.00322591

ZHONGCHENG INSURANCE COMPANY LIMITED OF CHINA

保单收据　PREMIUM RECEIPT

201×年 12 月 12 日

兹收到

Received from 新华工贸有限公司

保险金额（大写）

The sum of 肆仟捌佰元整

系付保险单第　　　号批单第　　　号之保费

Being premium in the policy No. MV003461　　End.No.

最后付款日期

Last date of payment

业务员 杨洋　　复核____　　制单 杨洋

（无现金收讫章或银行付款凭据无效）

中城保险股份有限公司 保费专用章

收款人签章处

（14）12 月 14 日职工常畅报销子女托幼费 200 元。

14-1

江津市第一托儿所托费专用收据

No.128758

姓名：常江　　班级：托幼　　201×年12月14日

<table>
<tr><td rowspan="2">收费项目</td><td colspan="5">金　额</td><td rowspan="2">江津市收费许可证字号</td><td colspan="6" rowspan="2">所属月份10—12月</td></tr>
<tr><td>百</td><td>十</td><td>元</td><td>角</td><td>分</td></tr>
<tr><td>托 幼 费</td><td>4</td><td>0</td><td>0</td><td>0</td><td>0</td><td rowspan="2">No.037180</td><td colspan="6" rowspan="2">备注：
凭证收据报销托幼费　　元</td></tr>
<tr><td>搭 伙 费</td><td></td><td></td><td></td><td></td><td></td></tr>
<tr><td colspan="13">附：代办费</td></tr>
<tr><td rowspan="2">项　　目</td><td colspan="4">金　额</td><td colspan="2" rowspan="2">本月实际
天　数</td><td rowspan="2">项　　目</td><td colspan="4">金　额</td><td rowspan="2">上月应返
天　数2</td></tr>
<tr><td>十</td><td>元</td><td>角</td><td>分</td><td>十</td><td>元</td><td>角</td><td>分</td></tr>
<tr><td>膳　　费</td><td></td><td></td><td></td><td></td><td colspan="2" rowspan="3"></td><td>返 膳 费</td><td></td><td></td><td></td><td></td><td rowspan="3">现金付讫</td></tr>
<tr><td>点 心 费</td><td></td><td></td><td></td><td></td><td>返点心费</td><td></td><td></td><td></td><td></td></tr>
<tr><td>其　　他</td><td></td><td></td><td></td><td></td><td></td><td></td><td></td><td></td><td></td></tr>
<tr><td>实收人民币
（大写）</td><td colspan="12">肆佰元整　　¥400.00　　审核：实报200.00
12月14日</td></tr>
</table>

收款单位（公章）江津市第一托儿所财务专用章　　经手人：蔡红　　返款领取人：常畅

14-2

现金支出凭证

出纳编号

贷方科目：现金　　制单编号

摘　要	借方科目		金　额
	总账科目	明细科目	
常畅子女托幼费	应付职工薪酬	福利费	￥200.00
合计金额			￥200.00

复核：李明　　会计主管：许鹏举　　出纳：吴兰　　领款人签章：常畅

（15）12 月 15 日向中兴有限公司购入甲材料 7 000 千克，单价 24.8 元，乙材料12 000千克，单价 15.2 元，两种材料共负担运费 5 700 元，开出票据期限为三个月的银行承兑汇票一张，材料已验收入库。

15-1

银 行 承 兑 汇 票　3

汇票号码 121
第 38065 号

签发日期：201×年 12 月 15 日

<table>
<tr><td>出票人全称</td><td>新华工贸有限公司</td><td rowspan="3">收款人</td><td>全　称</td><td>中兴有限公司</td></tr>
<tr><td>出票人账号</td><td>121081932928</td><td>账　号</td><td>625143</td></tr>
<tr><td>付款行全称</td><td>工商银行中华路分理处</td><td>开户银行</td><td>工商银行民主路分理处</td></tr>
<tr><td>汇票金额</td><td colspan="3">人民币（大写）肆拾贰万贰仟贰佰贰拾元整</td><td>¥422 220.00</td></tr>
<tr><td>汇票到期日</td><td colspan="4">201×年3月15日</td></tr>
<tr><td colspan="2" rowspan="2">承兑人开户银行盖章
复核　会计
（印章：中国工商银行江滨市 中华路分理处 201×.12.15 业务章）</td><td colspan="2">承兑协议编号　3258</td><td>交易合同编号</td></tr>
<tr><td colspan="2">汇票签发人（盖章）
负责　文兵　经办　刘义
（印章：新华工贸有限公司 财务专用章）</td><td></td></tr>
</table>

15-2

增值税专用发票

No

开票日期：201×年12月15日

购货单位	名称：新华工贸有限公司	密码区	（略）
	纳税人识别号：210102243765613		
	地址、电话：中华路819号　87369842		
	开户行及账号：工商银行中华路分理处121081932928		

商品及劳务名称	规格型号	计量单位	数量	单价	金额/元	税率（%）	税额
甲材料		千克	7 000	24.80	173 600.00	17	29 512.00
乙材料		千克	12 000	15.20	182 400.00	17	31 008.00
合计					¥356 000.00		¥60 520.00
价税合计	（大写）⊕肆拾壹万陆仟伍佰贰拾元零角零分　（小写）¥416 520.00						

销货单位	名称：中兴有限公司	备注	中兴有限公司 税号：215642243765369 发票专用章
	纳税人识别号：215642243765369		
	地址、电话：光下路866号66456660		
	开户行及账号：工商银行民主路分理处625143		

收款人：张飞　　复核人：管　童　　开票人：靳小小　　开票单位（盖章）：

第二联　发票联　购货方记账联

15-3

材料入库通知单

新华工贸有限公司　　填报日期 201×年 12 月 15 日　　№ 75484

材料名称	材质	规格	单位	数量		单价	金额	运杂费	金额合计	发货单位	
				凭证	实收						
乙材料		Ö5mm	千克	1	12 000	15.20	182 400	3 600	186 000		
甲材料		Ö10mm	千克	1	7 000	24.80	173 600	2 100	175 700	合同号	
合计							356 000	5 700	361 700		

会计主管：许鹏举　　业务科长：郭子峰　　仓库验收：钟诚　　采购员：张小宁

第二联　记账联

15-4

汽车货物运费结算单

201×年 12 月15日　　　　　　第009号

发货单位：中兴有限公司		说明：垫付新华工贸有限公司运费
收货单位：新华工贸有限公司		由收货单位担负
承运单位：市第一汽车运输队公司		里程：800千米
货物件数：甲材料7 000千克 乙材料12 000千克	运费：¥5 700.00	人民币大写：伍仟柒佰元整

交收货单位

（有关人员签章）

市第一汽车运输队公司 财务专用章

15-5

收　款　收　据

201×年 12 月 15 日　　　　　№

交款单位或交款人	中兴有限公司	交款金额
交款项目或交款内容	运杂费	5 700.00
合计人民币（大写）：伍仟柒佰元整		¥5 700.00

第二联　收据联

市第一汽车运输队公司 财务专用章

15-6

材料采购运杂费分配表

201×年 12 月 15 日

供货单位	中兴有限公司			
材料名称	分配标准（重量）	分配率	分配金额	备注
甲材料	7 000	0.3	2 100.00	
乙材料	12 000	0.3	3 600.00	
合　计	19 000		5 700.00	

复核：李明　　　　会计主管：许鹏举　　　　制单：陈艳

（16） 12 月 17 日基本生产车间为制造产品领用如下材料。

16-1

材料耗用汇总表

201×年 12 月 17 日

材料品种及数量 用途	甲材料			乙材料			金额/元
	数量/千克	单价/元	金额/元	数量/千克	单价/元	金额/元	
生产 A 产品使用	3 000	25.28	75 840.00	8 000	15.57	124 560	200 400.00
生产 B 产品使用	5 000	25.28	126 400.00	7 000	15.57	108 990	235 390.00
车间一般领用	300	25.28	7 584.00	500	15.57	7 785	15 369.00
管理部门领用	200	25.28	5 056.00	500	15.57	7 785	12 841.00
合　计			214 880.00			249 120	464 000.00

复核：李明　　　　会计主管：许鹏举　　　　制单：陈艳

（17） 12 月 17 日出售多余乙材料 500 千克，单价 18 元，价税总计 10 530 元，收到转账支票一张，当即进账，已销材料的账面价值按期初成本结转。

17-1

中国工商银行进账单（收款通知）

201×年12月17日　　　　第　号

收款人	全　称	新华工贸有限公司	付款人	全　称	江津机电公司
	账　号	121081932928		账　号	3468711965658
	开户银行	工商银行中华路分理处		开户银行	工商银行新街办事处

金额	人民币（大写）	壹万零伍佰叁拾元零角零分	千	百	十	万	千	百	十	元	角	分
					¥	1	0	5	3	0	0	0

票据种类	转账支票	收款人开户银行盖章
票据张数	1	
单位主管　会计　复核　记账		

中国工商银行江津市 中华路分理处 201×.12.17 业务章

此联是收款人开户银行交给收款人的收款通知

17-2

增值税专用发票

发票联

No

开票日期：201×年12月17日

购货单位	名称：江津机电公司					密码区	（略）
	纳税人识别号：221447264922513						
	地址、电话：临江大街288号　6556868						
	开户行及账号:工商银行新街办事处3468711965658						

商品及劳务名称	规格型号	计量单位	数量	单价	金额	税率（%）	税额
乙材料		千克	500	18.00	9 000.00	17	1 530.00
合计					¥9 000.00		¥1 530.00
价税合计	（大写）⊕壹万零伍佰叁拾元零角零分				（小写）¥10 530.00		

销货单位	名称：新华工贸有限公司	备注	
	纳税人识别号：210102243765613		
	地址、电话：中华路819号　87369842		新华工贸有限公司
	开户行及账号:工商银行中华路分理处121081932928		税号：210102243765613 发票专用章

第二联　发票联　购货方记账联

收款人：张果果　　复核人：满红　　开票人：王飞　　开票单位（盖章）：

(18）12 月 18 日收到委托收款凭证一张，系付本月电话费 250.82 元。

18-1

委邮

委托收款凭证（付款通知）5　　托收号码：49473

委托日期201×年12月18日

<table>
<tr><td rowspan="3">付款人</td><td>全　　称</td><td>新华工贸有限公司</td><td rowspan="3">收款人</td><td>全　　称</td><td colspan="11">市电信局</td></tr>
<tr><td>账户或地址</td><td>121081932928</td><td>账　　号</td><td colspan="11">1582793</td></tr>
<tr><td>开户银行</td><td>工商银行中华路分理处</td><td>开户银行</td><td>工商银行西城区办事处</td><td colspan="4">行　号</td><td colspan="6">2604</td></tr>
<tr><td rowspan="2">金额</td><td rowspan="2">人民币（大写）</td><td colspan="4" rowspan="2">贰佰伍拾元捌角贰分</td><td>千</td><td>百</td><td>十</td><td>万</td><td>千</td><td>百</td><td>十</td><td>元</td><td>角</td><td>分</td></tr>
<tr><td></td><td></td><td></td><td></td><td>¥</td><td>2</td><td>5</td><td>0</td><td>8</td><td>2</td></tr>
<tr><td>款项性质</td><td>业务收入</td><td>合同号码</td><td colspan="2">49635</td><td>附寄单证张数</td><td colspan="10"></td></tr>
<tr><td colspan="3">备注</td><td colspan="13">根据协议上列款项已由付款单位账户付出。

收款人开户行盖章
12月18日</td></tr>
</table>

单位主管　　会计：刘丽　复核：马亮　　记账

此联是收款人开户银行给收款人付款的通知

中国工商银行江津市中华路分理处 201×.12.18 业务章

18-2

江津市电信局电话费收据

用户：新华工贸有限公司　　　　201×年 12 月 18 日

项　　目	月　份	金　额	备　　注
长途电话费	12	100.80	
市话月租费	12	150.02	
其　他			
合　计		¥250.82	

江津市电信局 收款专用章

（19）12 月 18 日开出转账支票一张，以银行存款 1 500 元支付生产车间设备修理费。

19-1

中国工商银行　　转账支票存根

支票号码 0422685

科　　目

对方科目

签发日期 201×年 12 月 18 日

收款人：江津市工业公司

金　额：1 500.00

用　途：设备修理费

备　注：

单位主管　　　　会计

19-2

收　款　收　据　　　No 004146

201× 年 12 月 18 日

新华工贸有限公司 交来 生产车间设备修理费 款项

人民币（大写）⊗拾⊗万壹仟伍佰零拾零元零角零分（¥1 500.00）

（单位财务章）

江津市工业公司 收款专用章

第二联 交缴款人

主管　　　会计：江艳　　　出纳：王寒　　　经手人（盖章）

注：拟分5个月摊完，本月分摊300元，记入制造费用。

(20) 12 月 19 日开出转账支票一张，支付产品广告费 10 000 元。

20-1

江津市电视台收据

201×年 12 月 19 日

单位：新华工贸有限公司	
人民币（大写）壹万元整	¥10 000.00
系收：产品广告费	
江津市电视台 （公章）	收款人（盖章） 江河

20-2

中国工商银行　　转账支票存根

支票号码 0422686

科　　目

对方科目

签发日期 201×年 12 月 19 日

收款人：江津市电视台

金　额：10 000.00

用　途：产品广告费

备　注：

单位主管　　　　会计

（21）12 月 19 日开出转账支票一张，支付之前欠长征工贸公司的乙材料款，总计 111 108 元。

21-1

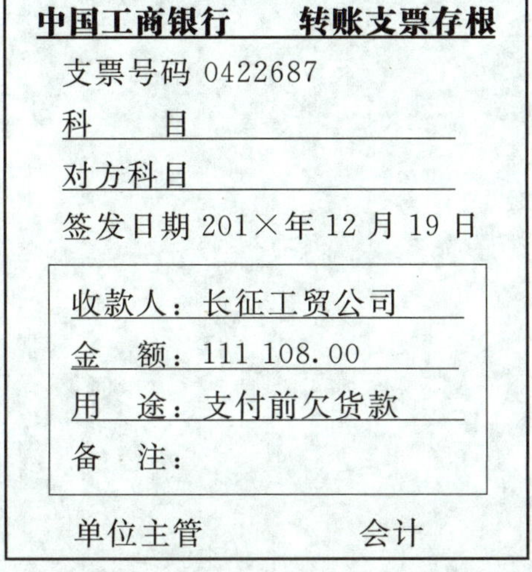

中国工商银行　　转账支票存根

支票号码 0422687

科　　目

对方科目

签发日期 201×年 12 月 19 日

收款人：长征工贸公司

金　额：111 108.00

用　途：支付前欠货款

备　注：

单位主管　　　　会计

（22）12 月 19 日向华联商场销售 B 产品 600 件，单价 400 元，货已发，货款尚未收到。

22-1

销售合同

新华工贸有限公司（以下称甲方）与华联商场（以下称乙方）达成购销协议如下。

一、甲方向乙方出售B产品600件，不含税，售价人民币贰拾肆万元整。

二、甲方负责保证产品质量，并实行“三包”。

三、乙方采取提货方式购货。

四、双方约定价款到期以支票方式结算。

五、乙方于201×年12月30日向甲方支付100%价款。

六、本合同经华厦公证处公证，双方各持一份。

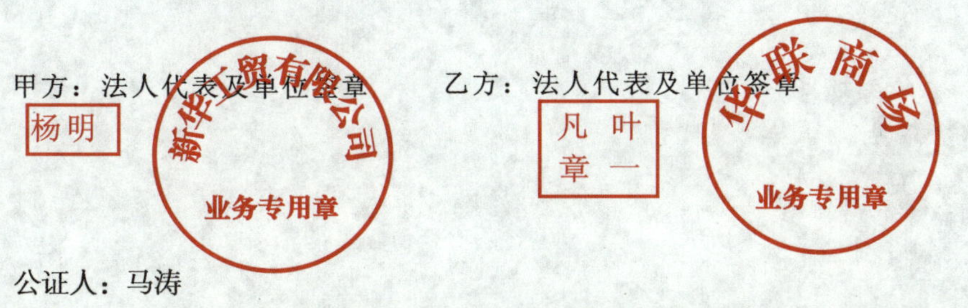
甲方：法人代表及单位签章　　　乙方：法人代表及单位签章

公证人：马涛

22-2

增值税专用发票

No

开票日期：201×年12月19日

<table>
<tr><td rowspan="4">购货单位</td><td colspan="5">名称：华联商场</td><td rowspan="4">密码区</td><td colspan="2" rowspan="4">（略）</td></tr>
<tr><td colspan="5">纳税人识别号：222648885112645</td></tr>
<tr><td colspan="5">地址、电话：沿江路15号 62557598</td></tr>
<tr><td colspan="5">开户行及账号：工商银行洪山支行145654988212</td></tr>
<tr><td colspan="2">商品及劳务名称</td><td>规格型号</td><td>计量单位</td><td>数量</td><td>单价</td><td>金额</td><td>税率（%）</td><td>税额</td></tr>
<tr><td colspan="2">B产品</td><td></td><td>件</td><td>600</td><td>400</td><td>240 000.00</td><td>17</td><td>40 800.00</td></tr>
<tr><td colspan="2">合计</td><td></td><td></td><td></td><td></td><td>¥240 000.00</td><td></td><td>¥40 800.00</td></tr>
<tr><td colspan="2">价税合计</td><td colspan="5">（大写）⊕贰拾捌万零捌佰元整</td><td colspan="2">（小写）¥280 800.00</td></tr>
<tr><td rowspan="4">销货单位</td><td colspan="5">名称：新华工贸有限公司</td><td rowspan="4">备注</td><td colspan="2" rowspan="4"></td></tr>
<tr><td colspan="5">纳税人识别号：210102243765613</td></tr>
<tr><td colspan="5">地址、电话：中华路819号 87369842</td></tr>
<tr><td colspan="5">开户行及账号：工商银行中华路分理处121081932928</td></tr>
</table>

第二联 发票联 购货方记账联

收款人：张果果　　复核人：满江　　开票人：王飞　　开票单位（盖章）：

新华工贸有限公司
税号：210102243765613
发票专用章

（23）12 月 20 日出售设备一台，收到转账支票一张，金额为 100 000 元，当即进账。

23-1

中国工商银行进账单（收款通知）3

201× 年 12 月 20 日　　　　第　　号

<table>
<tr><td rowspan="3">收款人</td><td>全　称</td><td colspan="2">新华工贸有限公司</td><td rowspan="3">付款人</td><td>全　称</td><td colspan="2">恒通科贸公司</td></tr>
<tr><td>账　号</td><td colspan="2">121081932928</td><td>账　号</td><td colspan="2">213412</td></tr>
<tr><td>开户银行</td><td colspan="2">工商银行中华路分理处</td><td>开户银行</td><td colspan="2">工商银行江城区支行</td></tr>
<tr><td>金额</td><td>人民币（大写）</td><td colspan="5">壹拾万元整</td><td>千百十万千百十元角分
¥ 1 0 0 0 0 0 0 0</td></tr>
<tr><td colspan="2">票据种类</td><td>转账支票</td><td colspan="5" rowspan="3">收款人开户银行盖章</td></tr>
<tr><td colspan="2">票据张数</td><td>1</td></tr>
<tr><td colspan="3">单位主管　会计 李明 复核 吴兰 记账</td></tr>
</table>

此联是收款人开户银行交给收款人的收款通知

中国工商银行江津市 中华路分理处 201×.12.20 业务章

23-2

新华工贸有限公司销售调拨单

201× 年 12 月 20 日

名称	单位	数量	原始价值	已提折旧	预计使用时间	已使用时　间	协商作价	备　注
机器设备	台	1	200 000	120 000	10	6	100 000	不需用

调入单位：恒通科贸公司　　　　调出单位：新华工贸有限公司

新华工贸有限公司 财务专用章

23-3

营业税计算单

201×年 12 月 20 日

项　　目	固定资产出售收入	税率（%）	营业税额/元

23-4

内 部 转 账 单

201×年 12 月 20 日

摘　　要	金　　额/元	备　　注
结转出售固定资产损益	100 000－80 000－5 000＝15 000	

复核：李明　　　　　　　会计主管：许鹏举　　　　　　　制单：陈艳

（24）12 月 21 日向兴隆科技发展公司转让非专利技术一项，收到一张金额为 70 000 元的转账支票，当即进账。

24-1　　中国工商银行进账单（收款通知）3

201×年12月21日

收款人	全　称	新华工贸有限公司	付款人	全　称	兴隆科技发展公司
	账　号	121081932928		账号或地址	1081
	开户银行	工商银行中华路分理处		开户银行	工商银行新华办事处
人民币(大写)		柒万元整			¥70 000.00
票据种类		转账支票			
票据张数		1			
单位主管　会计　复核　记账			收款人开户银行盖章		

此联是收款人开户银行交给收款人的收款通知

中国工商银行江津市 中华路分理处 201×.12.21 业务章

24-2

收　据

201×年12月21日　　　　　　　　　　No

今收到 兴隆科技发展公司

人民币（大写）：柴万元整　　　　¥70 000.00

事由：转让非专利技术

现金支票第28号

收款单位　新华工贸有限公司 支票收讫

第二联 收据联

24-3

营业税计算单

201×年12月21日

项　目	非专利技术转让收入/元	税率（%）	营业税额/元

复核：李明　　　　会计主管：许鹏举　　　　制单：陈艳

24-4

内部转账单

201×年12月21日　　　　第142号

项　目	金额/元	备　注
结转非专利技术转让折余价值	50 260.00	

复核：李明　　　　会计主管：许鹏举　　　　制单：陈艳

(25) 12 月 22 日计算本月应负担借款利息额。

25-1

应付利息计算表

201×年 12 月 22 日

贷款银行	借款种类	月本金/元	月利率	利息额
市工商银行	生产周转借款	800 000	0.333 3‰	

复核：李明　　会计主管：许鹏举　　制单：陈艳

(26) 12 月 22 日摊销本月财产保险费 800 元。

26-1

财产保险费摊销计算表

201×年 12 月 22 日

缴费月份	缴费金额/元	分摊月份	分摊金额/元	备注
7—12	4 800	7	800	
		8	800	
		9	800	
		10	800	
		11	800	
		12	800	

复核：李明　　会计主管：许鹏举　　制单：陈艳

注：已摊销 4 000 元。

（27）12 月 23 日一车间王成出差回来，报销差旅费。余款 400 元，退回。

27-1

收　　据

现金收讫

第三联　会计记账　　　　№

201×年 12 月 23 日

今收到王成

人民币（大写）叁仟元整

系　付冲原借支3 000.00元　（实报差旅费2 600元，

余款400元收回）

新华工贸有限公司 现金收讫

单位盖章　复核：李明　会计主管：许鹏举　出纳：吴兰　经手人：王成

27-2

差旅费报销单

填报日期 201×年 12 月 23 日

姓名		王成		职务		业务科长		出差地点		广州	
出差事由		采购材料									
日期				地点		车船费		补助费		住宿	金额
起		讫		起	讫	类别	金额	天	金额		
12	12	12	13	江津	广州	火车	635.00				635.00
12	21	12	22	广州	江津	火车	635.00	11	60.00	670.00	1 965.00
											2 600.00
备注：1. 预借差旅费 3 000 元。 2. 退回余款 400 元。											

复核：李明　　会计主管：许鹏举　　出纳：吴兰　　报销人：王成

（28）12 月 25 日按规定计提本月固定资产折旧 7 200 元（其中：生产车间计提 5 600 元，管理部门计提 1 600 元）。

28-1

固定资产折旧计算表

201×年 12 月 25 日

部门	固定资产类型	固定资产原值	预计净残值	使用年限	年折旧额	月折旧额
生产车间	房　屋	540 000	21 600	40	12 960.00	1 080.00
	机床加工设备	564 000	21 600	10	54 240.00	4 520.00
	合计	1 104 000				5 600.00
管理部门	房　屋	500 000	20 000	40	12 000.00	1 000.00
	其他设备	74 000	2 000	10	7 200.00	600.00
	合计	574 000				1 600.00
总　计		1 678 000				7 200.00

复核：李明　　　　会计主管：许鹏举　　　　制单：陈艳

（29）12 月 25 日接受捐赠设备 1 台，价值 11 700 元，运输费 500 元，安装费1 000元。

29-1

固定资产交接（验收单）

201×年 12 月 25 日　　　　No

固定资产编号	名称	型号	计量单位	数量	施工单位	建设单位	附属技术资料	
GDZ0786	注塑机		台	1			江津市大发集团捐赠	
总价	土建工程费	设备费	安装费	包装运杂费	其他	合计	预计使用年限	净残值率
		11 700	1 000	500		13 200	10	2%
验收意见	合格	验收人签章		保养使用单位签章（新华公司签章）				

业务专用章

29-2

收款收据

201×年12月25日　　　　№

交款单位或交款人	江津市大发集团		交款金额
交款项目或交款内容	捐赠注塑机一台，价值11 700元		¥11 700.00
	包装运杂费500元		¥500.00
合计人民币（大写）：壹万贰仟贰佰元整			¥12 200.00

第二联 收款方记账

江津市第二运输队公司 201×.12.25 现金收讫

29-3

现金支出凭证

出纳编号

贷方科目：库存现金　　　　制单编号

摘　要	借方科目		金　额
	总账科目	明细科目	
支付设备安装费			¥1 000.00
合计金额			¥1 000.00

复核：李明　　会计主管：许鹏举　　出纳：吴兰　　领款人签章：王菲

（30）12 月 26 日，根据工资分配表，分配本月工资费用。

30-1

车间产品耗用工时报告表

201×年 12 月 26 日

车　间	产　品	生产耗用工时	备　注
基本生产车间	A 产品	90 000	
	B 产品	55 000	
合　计		145 000	

复核：李明　　会计主管：许鹏举　　制单：陈艳

30-2

工资费用分配汇总表

201×年 12 月 26 日

产品、车间和部门		生产耗用工时	分配率	应分配金额
生产车间	A 产品	90 000	0.4	36 000.00
	B 产品	55 000	0.4	22 000.00
基本生产小计		145 000		58 000.00
车间管理部门				5 000.00
行政管理部门				7 000.00
业务部门				10 000.00
合　计				80 000.00

复核：李明　　会计主管：许鹏举　　制单：陈艳

(31) 12 月 26 日根据应付工资总额的 14%计提职工福利费，根据应付工资总额的 2%计提工会经费，根据应付工资总额的 1.5%计提职工教育经费。

31-1

职工福利费用分配汇总表

201×年 12 月 26 日

产品、车间和部门		计提福利费工资总额/元	福利费提取比例(%)	福利费金额/元	工会经费提取比例(%)	工会经费金额/元	职工教育经费提取比例(%)	职工教育经费金额/元
生产车间	A 产品	36 000.00	14		2		1.5	
	B 产品	22 000.00	14		2		1.5	
车间管理部门		5 000.00	14		2		1.5	
行政管理部门		7 000.00	14		2		1.5	
业务部门		10 000.00	14		2		1.5	
合　计		80 000.00						

复核：李明　　会计主管：许鹏举　　制单：陈艳

（32）12 月 26 日，经批准结转确实无法支付的大兴公司应付账款 45 000 元。

32-1

内部转账单

201×年 12 月 26 日　　　　第 143 号

户　　名	摘　　要	金额/元	备　　注
大兴公司	经批准，转“营业外收入”账户	45 000.00	单位解散 同意转销 杨明

复核：李明　　会计主管：许鹏举　　制单：陈艳

（33）12 月 26 日，经批准结转正常报废机器的清理损失。

33-1

内部转账单

201×年 12 月 26 日　　　　第 144 号

摘　　要	金额/元	备　　注
转销正常报废机器一台的清理损失	8 200.00	经批准，同意转销 杨明
合　　计	8 200.00	

复核：李明　　会计主管：许鹏举　　制单：陈艳

（34）12 月 26 日，分配本月制造费用（按生产工人工资比例分配，分配率保留 2 位小数）。

34-1

基本生产车间制造费用分配表

201×年 12 月 26 日

产　　品	生产工人工资	分　配　率	应分配金额
A 产品			
B 产品			
合　　计			

复核：李明　　会计主管：许鹏举　　制单：陈艳

（35）12 月 28 日登记生产成本明细账，计算完工产品成本，并结转。

35-1

生产情况报告表

编报单位：基本生产车间

产　　品	单　位	月初 在产品	本月 投产	本月完 工入库	月末 在产品	在产品 完工程度
A 产品	件	80	420	500	0	—
B 产品	件	200	1 000	1 200	0	—

复核：李明　　　　会计主管：许鹏举　　　　制单：陈艳

35-2

产品入库汇总表

编报单位：成品仓库　　　　201×年 12 月 28 日

编号	品名	规格	单位	数量	备　　注
	A 产品		件	500	
	B 产品		件	1 200	

主管：张力　　　　记账：王飞　　　　保管：钟诚

35-3

生产成本明细账

产品名称：A 产品　　　　201×年 12 月 28 日　　　　完工产品：500 件

在产品：　件 完工程度：

成本项目 摘要	成 本 项 目			合　　计
	直接材料	直接人工	制造费用	

复核：李明　　　　会计主管：许鹏举　　　　制单：陈艳

35-4

生产成本明细账

产品名称：B产品　　　　201×年12月28日　　　　完工产品：1 200件

在产品：　件　完工程度：

成本项目 摘要	成本项目			合　计
	直接材料	直接人工	制造费用	

复核：李明　　　　会计主管：许鹏举　　　　制单：陈艳

注：根据生产成本明细账，编制生产成本计算表，计算完工产品成本，然后将完工产品成本进行结转。

35-5

完工产品制造成本计算表

201×年12月28日

成本项目	A产品（500件）		B产品（1 200件）	
	总成本/元	单位成本/元	总成本/元	单位成本/元
直接材料				
直接人工				
制造费用				
合　计				

复核：李明　　　　会计主管：许鹏举　　　　制单：陈艳

（36）12 月 30 日向江津市恒通公司销售 A 产品 300 件，单价 700 元，货已发出。价税合计 245 700 元，款已收并存银行。

36-1

中国工商银行进账单（收款通知）3

201×年12月30日　　　　　　第　　号

<table>
<tr><td rowspan="3">收款人</td><td>全　称</td><td>新华工贸有限公司</td><td rowspan="3">付款人</td><td>全　称</td><td colspan="10">江津市恒通公司</td></tr>
<tr><td>账　号</td><td>121081932928</td><td>账　号</td><td colspan="10">4300011814232</td></tr>
<tr><td>开户银行</td><td>工商银行中华路分理处</td><td>开户银行</td><td colspan="10">工商银行桥东办事处</td></tr>
<tr><td rowspan="2">金额</td><td rowspan="2">人民币（大写）</td><td colspan="3" rowspan="2">贰拾肆万伍仟柒佰元整</td><td>千</td><td>百</td><td>十</td><td>万</td><td>千</td><td>百</td><td>十</td><td>元</td><td>角</td><td>分</td></tr>
<tr><td></td><td>¥</td><td>2</td><td>4</td><td>5</td><td>7</td><td>0</td><td>0</td><td>0</td><td>0</td></tr>
<tr><td colspan="2">票据种类</td><td>转账支票</td><td colspan="12" rowspan="3">收款人开户银行盖章</td></tr>
<tr><td colspan="2">票据张数</td><td>1</td></tr>
<tr><td colspan="3">单位主管　会计　复核　记账</td></tr>
</table>

此联是收款人开户银行交给收款人的收款通知

（印章：中国工商银行江津市 中华路分理处 201×.12.30 业务章）

增值税专用发票

36-2

No

开票日期：201×年12月30日

<table>
<tr><td rowspan="4">购货单位</td><td colspan="5">名称：江津市恒通公司</td><td rowspan="4">密码区</td><td colspan="2" rowspan="4">（略）</td></tr>
<tr><td colspan="5">纳税人识别号：291702243275033</td></tr>
<tr><td colspan="5">地址、电话：临江大街88号　63369828</td></tr>
<tr><td colspan="5">开户行及账号：工商银行桥东办事处4300011814232</td></tr>
<tr><td>商品及劳务名称</td><td>规格型号</td><td>计量单位</td><td>数量</td><td>单价</td><td>金额</td><td>税率（%）</td><td>税额</td></tr>
<tr><td>A产品</td><td></td><td>件</td><td>300</td><td>700</td><td>210 000.00</td><td>17</td><td>35 700.00</td></tr>
<tr><td>合计</td><td></td><td></td><td></td><td></td><td>¥210 000.00</td><td></td><td>¥35 700.00</td></tr>
<tr><td>价税合计</td><td colspan="7">（大写）⊕贰拾肆万伍仟柒佰零拾零元零角零分　（小写）¥245 700.00</td></tr>
<tr><td rowspan="4">销货单位</td><td colspan="5">名称：新华工贸有限公司</td><td rowspan="4">备注</td><td colspan="2" rowspan="4"></td></tr>
<tr><td colspan="5">纳税人识别号：210102243765613</td></tr>
<tr><td colspan="5">地址、电话：中华路819号　87369842</td></tr>
<tr><td colspan="5">开户行及账号：工商银行中华路分理处121081932928</td></tr>
</table>

第二联　发票联　购货方记账联

收款人：张果果　　复核人：满红　　开票人：王飞　　开票单位（盖章）：

新华工贸有限公司
税号 210102243765613
发票专用章

（37）12 月 30 日向滨江商场销售 A 产品 400 件，单价 700 元，B 产品 500 件，单价 400 元，货已发出，收到滨江商场银行承兑汇票一张。

37-1

银 行 承 兑 汇 票　2

汇票号码 117
第 38065 号

签发日期：201×年12月30日

出票人全称	滨江商场	收款人	全　　称	新华工贸有限公司
出票人账号	343852		账　　号	121081932928
付款人全称	工商银行东海市南桥办事处		开户银行	工商银行中华路分理处
汇票金额	人民币(大写) 伍拾陆万壹仟陆佰元零角零分			¥561 600.00
汇票到期日	201×年3月22日			

本汇票送请你行承兑，并确认《银行结算办法》和承兑协议的各项规定。 此致 承兑银行 承兑申请人（盖章） 201×年12月30日	承兑协议编号 3758	交易合同编号
本汇票经本行承兑，到期日由本行付交。 承兑银行(盖章) 201×年12月30日 （印章：中国工商银行东海市南桥办事处 201×.12.30 业务章）	（印章：滨江商场 财务专用章） 汇票签发人（盖章） 负责 李明 经办 吴兰	科目（付） 对方科目（收） 转账 日期　年　月　日 复核　记账

37-2

银 行 承 兑 汇 票　3

汇票号码 118
第 38065 号

签发日期：201×年12月30日

出票人全称	滨江商场	收款人	全　　称	新华工贸有限公司
出票人账号	343852		账　　号	121081932928
付款人全称	工商银行东海市南桥办事处		开户银行	工商银行中华路分理处
汇票金额	人民币(大写) 伍拾陆万壹仟陆佰元零角零分			¥561 600.00
汇票到期日	201×年3月22日			

收款人开户银行盖章 复核　会计 （印章：中国工商银行江津市中华路分理处 201×.12.30 业务章）	承兑协议编号 3758	交易合同编号
备注	（印章：滨江商场 财务专用章） 汇票签发人（盖章） 负责 李明 经办 吴兰	

增值税专用发票

37-3　　　　　　　　　　　　　　　　　　　　　　　　No

开票日期：201×年12月30日

购货单位	名称：滨江商场 纳税人识别号：280102100120054 地址、电话：东海市南桥路10号 82730442 开户行及账号：工商银行南桥办事处343852	密码区	（略）

商品及劳务名称	规格型号	计量单位	数量	单价	金额	税率（%）	税额
A产品		件	400	700.00	280 000.00	17	47 600.00
B产品		件	500	400.00	200 000.00	17	34 000.00
合计					¥480 000.00		¥81 600.00
价税合计	（大写）⊕伍拾陆万壹仟陆佰元整				（小写）¥561 600.00		

销货单位	名称：新华工贸有限公司 纳税人识别号：210102243765613 地址、电话：中华路819号 87369842 开户行及账号：工商银行中华路分理处121081932928	备注	新华工贸有限公司 税号：210102243765613 发票专用章

收款人：张果果　　　　复核人：满红　　　　开票人：　　　　开票单位（盖章）：

第二联　发票联　购货方记账联

（38）12 月 30 日，计算并结转已销产品的销售成本（计算结果保留两位小数）。

38-1

产品销售汇总表

201×年 12 月 30 日

项　　目	A 产品		B 产品		金额合计
	数量	金额	数量	金额	
月初结存					
本月入库					
加权平均单价					
本月已销产品成本					

复核：李明　　　　会计主管：许鹏举　　　　制单：陈艳

（39）12 月 30 日计算本月城市维护建设税及教育费附加。

39-1

增值税计算单

201×年 12 月 30 日

项　　目	(1)	(2)	(3)	(4)=(1)−(2)−(3)	(5)	(6)=(4)−(5)
	本月销项税额	本月进项税额	准予扣除进项税额	应交增值税税额	减免税额	实际应纳增值税

复核:李明　　　　会计主管:许鹏举　　　　制单:陈艳

39-2

城市维护建设税及教育费附加计算单

201×年 12 月 30 日

项　　目	课税数量				税率 （提取比例）	金　　额
	本月应交增值税	本月应交营业税	本月应交消费税	合计		
应交城市维护建设税					7%	
应交教育费附加					3%	

复核：李明　　会计主管：许鹏举　　制单：陈艳

（40）12 月 30 日收到华联商场转账支票一张，系付 12 月 19 日货款，当即进账。

40-1

中国工商银行进账单(收款通知)3

201×年12月 30日　　　　第　　号

收款人	全　称	新华工贸有限公司	付款人	全　称	华联商场
	账　号	121081932928		账　号	14565498821
	开户银行	工商银行中华路分理处		开户银行	工商银行洪山支行

人民币：（大写）贰拾捌万零捌佰元整

千	百	十	万	千	百	元	角	分
	¥	2	8	0	8	0	0	0

票据种类	转账支票
票据张数	1

单位主管　会计　复核　记账　　　收款人开户银行盖章

中国工商银行江津市 中华路分理处 201×.12.30 业务章

此联是收款人开户银行交给收款人的收款通知

（41）12 月 30 日，接银行收款通知，本季度存款利息已到账。

41-1　　中国工商银行存款利息通知单（代付出传票）

201× 年 12 月 30 日　　№ 1654804

户名	新华工贸有限公司	账户	121081932928						
利息计算时间	201×年 10 月 1 日起，12 月 31 日止	利息积数：3 000 000.00	季利率：3‰						
利息金额	人民币:（大写）玖仟元整		万	千	百	十	元	角	分
			¥	9	0	0	0	0	0
上列利息已转入你公司账户 中国工商银行江津市分行 中华路分理处	科目 转 账　201× 年 12 月　日 复 核　记账　制单								

中国工商银行江津市 中华路分理处 201×.12.30 转讫

（42）12 月 31 日结转本月收入、收益类账户发生额“本年利润”账户。

42-1　　**内部转账单**

201×年 12 月 31 日　　No 145

摘　要	转账项目	金　额
结转至“本年利润”账户		
结转至“本年利润”账户		
结转至“本年利润”账户		
结转至“本年利润”账户		
结转至“本年利润”账户		
结转至“本年利润”账户		
合　计		

复核：李明　　会计主管：许鹏举　　制单：陈艳

注：根据账簿资料，将金额填入表内，然后转账。

（43）12 月 31 日将本月成本、费用类账户发生额结转至“本年利润”账户。

43-1

内部转账单

201×年 12 月 31 日　　　　No 146

摘　　要	转 账 项 目	金　　额
结转至“本年利润”账户		
结转至“本年利润”账户		
结转至“本年利润”账户		
结转至“本年利润”账户		
结转至“本年利润”账户		
结转至“本年利润”账户		
结转至“本年利润”账户		
结转至“本年利润”账户		
结转至“本年利润”账户		
合　　计		

复核：李明　　　　会计主管：许鹏举　　　　制单：陈艳

注：根据账簿资料，将金额填入表内，然后转账。

（44）12 月 31 日结转本月所得税费用。

44-1

内部转账单

201×年 12 月 31 日　　　　No 147

摘　　要	金额/元
本月应交所得税	
金额大写：	

复核：李明　　　　会计主管：许鹏举　　　　制单：陈艳

注：将所得税费用转至“本年利润”。

（45）12 月 31 日结转全年净利润至“利润分配—未分配利润”账户。

45-1

内部转账单

201×年 12 月 31 日　　No 148

摘　要	金额/元
结转全年净利润	
金额大写：	

复核：李明　　会计主管：许鹏举　　制单：陈艳

注：结转全年净利润至“利润分配—未分配利润”。

（46）12 月 31 日进行利润分配。

46-1

利润分配计算表

201×年 12 月 31 日

分配项目	分配依据	分　配　率	金额/元
法定盈余公积			
任意盈余公积			
应付股利			

复核：李明　　会计主管：许鹏举　　制单：陈艳

（47）12 月 31 日结转利润分配各明细账余额至“利润分配—未分配利润”。

47-1

内部转账单

201×年 12 月 31 日　　No 149

摘　要	转账项目	金　额
结转至“利润分配—未分配利润”账户		
结转至“利润分配—未分配利润”账户		
结转至“利润分配—未分配利润”账户		
结转至“利润分配—未分配利润”账户		
合　计		

复核：李明　　会计主管：许鹏举　　制单：陈艳

（48）12 月 31 日根据相关资料编制资产负债表。

（49）12 月 31 日根据相关资料编制利润表。

第四章　模拟实训业务练习参考

第一节　填制记账凭证参考

201×年		凭证字号	摘　　要	一级科目	明细科目	借方金额	贷方金额
月	日						
12	1	01	预付货款	预付账款 银行存款	江城贸易公司	50 000.00	 50 000.00
12	1	02	借资备用金	其他应收款 银行存款	业务科	4 000.00	 4 000.00
12	3	03-1	购进材料	材料采购 应交税费 银行存款	甲材料 应交增值税（进项税额）	125 500.00 20 825.00	 146 325.00
		03-2		原材料 材料采购	甲材料 甲材料	125 500.00	 125 500.00
12	3	04	支付办公用品费	管理费用 库存现金	办公费	490.00	 490.00
12	5	05-1	投资设备一台	固定资产清理 累计折旧 固定资产	 在用设备	160 000.00 40 000.00	 200 000.00
		05-2		长期股权投资 固定资产清理 资本公积	180 000.00	 160 000.00 20 000.00	
12	6	06	上缴税金	应交税费 银行存款	应交增值税（已交税金） 应交城市维护建设税	11 078.76 1 105.24	 12 184. 00

续表

201×年		凭证字号	摘　要	一级科目	明细科目	借方金额	贷方金额
月	日						
12	6	07-1	购料验收入库、款未付	材料采购	乙材料	92 400.00	
				应交税费	应交增值税（进项税额）	15 708.00	
				应付账款	长征工贸公司		108 108.00
		07-2		原材料	乙材料	95 400.00	
				材料采购	乙材料		95 400.00
12	6	08	提取现金	库存现金		500.00	
				银行存款			500.00
12	6	09	支付购货款、材料未入库	材料采购	甲材料	25 910.00	
				材料采购	乙材料	31 090.00	
				应交税费	应交增值税（进项税额）	9 350.00	
				银行存款			66 350.00
12	7	10-1	提取现金、发放工资	库存现金	76 553.00		
				银行存款			76 553.00
		10-2		应付职工薪酬	工资	80 000.00	
				库存现金			76 553.00
				其他应付款	代扣款		3 447.00
12	8	11	支付印花税票款	管理费用	印花税	580.00	
				银行存款			580.00
12	11	12	王成预借差旅费	其他应收款	王成	3 000.00	
				银行存款			3 000.00
12	12	13	支付财产保险费	待摊费用	保险费	4 800.00	
				银行存款			4 800.00
12	14	14	支付托幼费	应付职工薪酬	福利费	200.00	
				库存现金			200.00

续表

201×年		凭证字号	摘要	一级科目	明细科目	借方金额	贷方金额
月	日						
12	15	15-1	购甲、乙材料，已验收入库	材料采购	甲材料	175 700	
				材料采购	乙材料	186 000	
				应交税费	应交增值税（进项税额）	60 520	
				应付票据	中兴公司		422 220.00
		15-2		原材料	甲材料	175 700	
				原材料	乙材料	186 000	
				材料采购	甲材料		175 700
				材料采购	乙材料		186 000
12	17	16	生产领用材料	生产成本	A产品	200 400.00	
				生产成本	B产品	235 390.00	
				制造费用	维修费	15 369.00	
				管理费用	维修费	12 841.00	
				原材料	甲材料		214 880.00
				原材料	乙材料		249 120.00
12	17	17-1	乙材料销售收入	银行存款		10 530.00	
				其他业务收入	乙材料销售		9 000.00
				应交税费	应交增值税（销项税额）		1 530.00
		17-2		其他业务成本		7 500.00	
				原材料	乙材料		7 500.00
12	18	18	支付电话费	管理费用	电话费	250.82	
				银行存款			250.82
12	18	19-1	支付修理费	待摊费用	修理费用	1 500.00	
				银行存款			1 500.00
		19-2	摊销本月设备修理费	制造费用	修理费用	300.00	
				待摊费用	修理费用		300.00

续表

201×年		凭证字号	摘要	一级科目	明细科目	借方金额	贷方金额
月	日						
12	19	20	支付产品广告费	销售费用 银行存款	广告费	10 000.00	 10 000.00
12	19	21	支付前欠货款	应付账款 银行存款	长征工贸公司	111 108.00	111 108.00
12	19	22	B产品销售收入	应收账款 主营业务收入 应交税费	华联商场 B产品 应交增值税（销项税额）	280 800.00	 240 000.00 40 800.00
12	20	23-1 23-2 23-3 23-4	出售设备一台	固定资产清理 累计折旧 固定资产 银行存款 固定资产清理 固定资产清理 应交税费 固定资产清理 营业外收入	 应交营业税 	80 000.00 120 000.00 100 000.00 5 000.00 15 000.00 	 200 000.00 100 000.00 5 000.00 15 000.00
12	21	24	转让非专利技术一项	银行存款 营业外收入 无形资产 应交税费	 出售无形资产收益 非专利技术 应交营业税	70 000.00	 16 240.00 50 260.00 3 500.00
12	22	25	计提借款利息	财务费用 应付利息	利息支出	266.64	 266.640
12	22	26	摊销财产保险费	管理费用 待摊费用	保险费支出 保险费	800.00	 800.00
12	23	27	王成报销差旅费	库存现金 制造费用 其他应收款	 差旅费 王成	400.00 2 600.00 	 3 000.00
12	25	28	计提本月固定资产折旧费	制造费用 管理费用 累计折旧	折旧费 折旧费 	5 600.00 1 600.00 	 7 200.00

续表

201×年		凭证字号	摘要	一级科目	明细科目	借方金额	贷方金额
月	日						
12	25	29	接受捐赠设备一台	固定资产 营业外收入 库存现金	注塑机	13 200.00	 12 200.00 1 000.00
12	26	30	分配本月工资费用	生产成本 生产成本 制造费用 管理费用 销售费用 应付职工薪酬	A产品 B产品 工资费用 工资费用 工资费用 工资	36 000.00 22 000.00 5 000.00 7 000.00 10 000.00	 80 000.00
12	26	31-1 31-2	计提职工福利费、工会经费及职工教育经费	生产成本 生产成本 制造费用 管理费用 销售费用 应付职工薪酬	A产品 B产品 福利费 福利费 福利费 福利费 工会经费 职工教育经费	6 300.00 3 850.00 875.00 1 225.00 1 750.00	 11 200.00 1 600.00 1 200.00
12	26	32	结转无法支付的账款	应付账款 营业外收入	大兴公司	45 000.00	 45 000.00
12	26	33	固定资产清理损失结转	营业外支出 固定资产清理		8 200.00	 8 200.00

续表

201×年		凭证字号	摘　要	一级科目	明细科目	借方金额	贷方金额
月	日						
12	26	34	分配本月制造费用	生产成本 生产成本 制造费用	A产品 B产品	18 360.00 11 384.00	 29 744.00
12	28	35	计算完工产品成本	库存商品 库存商品 生产成本 生产成本	A产品 B产品 A产品 B产品	303 288.00 296 676.00	 303 288.00 296 676.00
12	30	36	A产品销售收入	银行存款 主营业务收入 应交税费	 A产品 应交增值税(销项税额)	245 700.00	 210 000.00 35 700.00
12	30	37	A、B产品销售收入	应收票据 主营业务收入 主营业务收入 应交税费	银行承兑汇票 A产品 B产品 应交增值税(销项税额)	561 600.00	 280 000.00 200 000.00 81 600.00
12	30	38	结转已销产品成本	主营业务成本 主营业务成本 库存商品 库存商品	A产品 B产品 A产品 B产品	427 000.00 274 472.00	 427 000.00 274 472.00
12	30	39	计算城市维护建设税及教育费附加	营业税金及附加 应交税费	城市维护建设税 应交城市维护建设税 应交教育费附加	6 172.70	 4 320.89 1 851.81

续表

201×年		凭证字号	摘　　要	一级科目	明细科目	借方金额	贷方金额
月	日						
12	30	40	收到销货款	银行存款 应收账款	 华联商场	280 800.00	 280 800.00
12	30	41	收到存款利息	银行存款 财务费用	 利息收入	9 000.00	 9 000.00
12	31	42	结转损益类收入账户	主营业务收入 其他业务收入 营业外收入 财务费用 本年利润		930 000.00 9 000.00 88 440.00 6 333.60	 1 033 773.60
12	31	43	结转损益类成本费用账户	本年利润 主营业务成本 管理费用 销售费用 其他业务成本 营业外支出 营业税金及附加		769 881.52	 701 472.00 24 786.82 21 750.00 7 500.00 8 200.00 6 172.70
12	31	44-1 44-2	计算结转本月所得税	所得税费用 应交税费 本年利润 所得税费用	 应交所得税	65 973 .02 65 973 .02	 65 973 .02 65 973 .02
12	31	45	结转全年净利润	本年利润 利润分配	 未分配利润	485 019.06	 485 019.06

续表

201×年		凭证字号	摘　　要	一级科目	明细科目	借方金额	贷方金额
月	日						
12	31	46	进行利润分配	利润分配	提取法定盈余公积金	48 501.91	
				盈余公积	法定盈余公积金		48 501.91
				利润分配	提取任意盈余公积金	24 2509.53	
				盈余公积	任意盈余公积金		24 250.95
				利润分配	应付投资者利润	242509.53	
				应付股利	应付××投资者		24 250.95
12	31	47	结转利润分配	利润分配	未分配利润	315 262.39	
				利润分配	提取法定盈余公积金		48 501.91
				利润分配	提取任意盈余公积金		24 250.95
				利润分配	应付投资者利润		242 509.53

注： 相关记账凭证的计算过程如下。

1. 主营业务成本的计算

A产品加权平均单价＝（200×618.56＋303 288）÷（200＋500）元/件

＝610 元/件

B产品加权平均单价＝（500×255＋296 676）÷（500＋1 200）元/件

＝249.52 元/件

本月已售A产品成本＝610×700 元＝427 000 元

本月已售B产品成本＝249.52×1 100 元＝274 472 元

2. 应交税费的计算

（1）应交增值税＝本月销项税合计－本月进项税合计

＝（35 700＋40 800＋1 530＋81 600）元

－（20 825＋15 708＋9 350＋60 520）元

＝53 227 元

（2）应交营业税＝（5 000＋3 500）元＝8 500 元

（3）城市维护建设税＝（应交增值税＋应交营业税）×7％

＝（53 227＋8 500）元×7％

＝4 320.89 元

（4）教育费附加＝（应交增值税＋应交营业税）×7％

＝（53 227＋8 500）元×3％

＝1 851.81 元

3. 利润的计算

（1）12 月份利润总额＝（1 033 773.60－769 881.52）元＝263 892.08 元

（2）12 月份应交所得税＝（263 892.08×25％）元＝65 973.02 元

（3）12 月份净利润＝（263 892.08－65 973.02）元＝197 919.06 元

全年净利润＝（287 100＋197 919.06）元＝485 019.06 元

4. 利润分配的计算

（1）计提法定盈余公积金＝485 019.06×10％＝48 501.91 元

（2）计提任意盈余公积金＝485 019.06×5％＝24 250.95 元

（3）应付投资者股利＝485 019.06×50％＝242 509.53 元

第二节 编制会计报表参考

资 产 负 债 表

编制单位： 201×年12月31日 单位：元

资产	行次	期初余额	期末余额	负债和所有者权益（或股东权益）	行次	期初余额	期末余额
流动资产：	1			流动负债：	36		
货币资金	2	1 518 688.88	1 746 778.06	短期借款	37	800 000	800 000
交易性金融资产	3	1 754	1 754	交易性金融负债	38		
应收票据	4	15 000	576 600	应付票据	39	200 000	622 220
应收账款	5	48 800	48 800	应付账款	40	300 000	255 000
预付账款	6		50 000	预收账款	41		
应收股利	7			应付职工薪酬	42	99 865.88	113 665.88
应收利息	8			应交税费	43	12 184	133 872.72
其他应收款	9		4 000	应付利息	44		2 666.40
存货	10	488 892	489 204	应付股利	45		242 509.53
其中：消耗性生物资产	11			其他应付款	46	10 754	14 201
待摊费用	12	16 038	21 238	预计负债	47		
一年内到期的非流动资产	13			一年内到期的非流动负债	48		
其他流动资产	14			其他流动负债	49		
流动资产合计	15	2 089 172.88	2 938 374.06	流动负债合计	50	1 422 803.88	2 184 135.53
非流动资产：	16			非流动负债：	51		
可供出售的金融资产	17			长期借款	52		
持有到期投资	18			应付债券	53		
投资性房地产	19			长期应付款	54		
长期股权投资	20		180 000	专项应付款	55		
长期应收款	21			递延所得税负债	56		
固定资产	22	6 265 880	6 031 880	其他非流动负债	57		

续表

资产	行次	期初余额	期末余额	负债和所有者权益（或股东权益）	行次	期初余额	期末余额
在建工程	23			非流动负债合计	58		
工程物资	24			负债合计	59	1 422 803.88	2 184 135.53
固定资产清理	25	8 200		所有者权益（或股东权益）：	60		
生产性生物资产	26			实收资本（或股本）	61	4 000 000	4 000 000
油气资产	27			资本公积	62	450 000	470 000
无形资产	28	174 560	124 300	盈余公积	63	2 196 763	2 269 515.86
开发支出	29			未分配利润	64	476 746	359 402.67
商誉	30			减：库存股	65		
长期待摊费用	31	8 500	8 500	所有者权益（或股东权益）合计	66	7 123 509	7 098 918.53
递延所得税资产	32				67		
其他非流动资产	33				68		
非流动资产合计	34	6 457 140	6 344 680		69		
资产总计	35	8 546 312.88	9 283 054.06	负债和所有者权益（或股东权益）总计	70	8 546 312.88	9 283 054.06

利 润 表

编制单位： 201×年12月 单位：元

项　　目	行次	本月金额	本年金额
一、营业收入		939 000.00	
减：营业成本		708 972	
营业税金及附加		6 172.70	
销售费用		21 750	
管理费用		24 786.82	
财务费用（利息净收益以“—”号填列）		—6 333.60	
资产减值损失		0	
加：公允价值变动收益（损失以“—”号填列）		0	
投资收益（损失以“—”号填列）		0	
二、营业利润（亏损以“—”号填列）		183 652.08	
加：营业外收入		88 440	
减：营业外支出		8 200.00	
其中：非流动资产处置损失			
三、利润总额（亏损总额以“—”号填列）		263 892.08	
减：所得税费用		65 973.02	
四、净利润（净亏损以“—”号填列）		197 919.06	
五、每股收益：			
（一）基本每股收益		×	
（二）稀释每股收益		×	

附录A　证账表样单

（原始凭证图样1）

国统一发票监制 江津市 国家税务局监制 发票联

1100033544　　　　增值税专用发票　　　　No 07331236

开票日期：

购货单位	名　　称： 纳税人识别号： 地址、电话： 开户行及账号：				密码区	5>5<22_≫211/5<18++87< 加密版本号： 5>+5960/3444216_/_+/9> 61 3<11/5<18+9<+6_22028*4 1100033544 3 <>5 <22_≫2*09/≫29 07331236	
货物或应税劳务名称	规格型号	单位	数量	单价	金额	税率	税额
合　　计							
价税合计（大写）					（小写）¥		
销售单位	名　　称： 纳税人识别号： 地址、电话： 开户行及账号：				备注	佳义公司 税号：110108524579638 发票专用章	

收款人：　　　复核：　　　开票人：　　　销货单位（章）：

第二联　发票联　购货方记账凭证

（原始凭证图样2）

国税

江津市工商企业产品销售发票

96031214

发　票　联

№ 5662912

全国统一发票监制章 江津市 国家税务局监制

顾客名称
及 地 址:

20　　年　　月　　日填发

品名规格	单位	数量	单价	超过十万元无效	金额							备注
					万	千	百	十	元	角	分	
合计人民币（大写）　万　仟　佰　拾　元　角　分												

第二联：发票联

填票人:　　　　收款人:　　　　企业名称及地址（盖章）

（原始凭证图样3）

收　　据

No. 005623

年　　月　　日

今收到＿＿＿＿＿＿＿＿＿＿＿＿＿＿＿＿＿＿＿＿＿＿＿＿＿＿＿＿

＿＿＿＿＿＿＿＿＿＿＿＿＿＿＿＿＿＿＿＿＿＿＿＿＿＿＿＿＿＿＿

＿＿＿＿＿＿＿＿＿＿＿＿＿＿＿＿＿＿＿＿＿＿＿＿＿＿＿＿＿＿＿

金额　十　万　仟　佰　拾　元　角　分（¥　　　　）

第二联：收据联

会计　　　　出纳　　　　记账

（原始凭证图样4）

中国工商银行支票存款（粤）

20011667

科目：______________

对方科目：______________

出票日期　　年　　月　　日

收款人：______________

金额：______________

用途：______________

单位主管　　　　会计

中国工商银行　支票　（粤）　江津　20011667

出票日期（大写）　　年　　月　　日　　付款行名称：

收款人：　　出票人账号：

人民币（大写）	千	百	十	万	千	百	十	元	角	分

用途______________　　科目（借）______________

上列款项请从　　对方科目（贷）______________

我账户内支付

出票人签章　　复核　　记账

（原始凭证图样5）

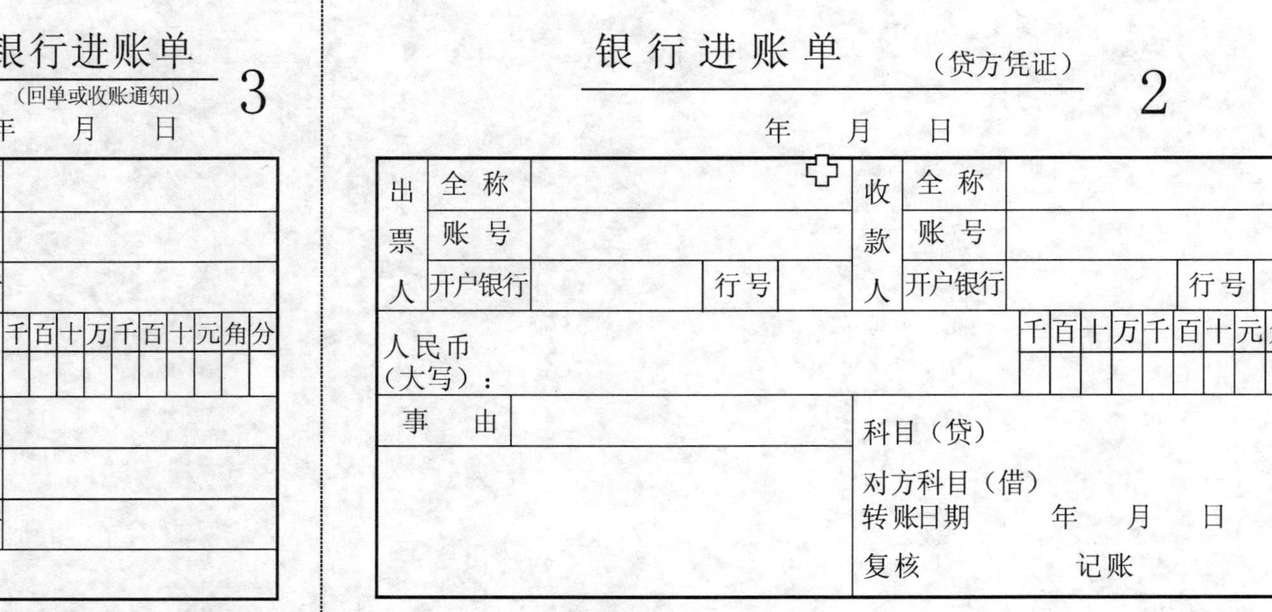

银行进账单 3

（回单或收账通知）

年　月　日

出票人	全称										
	账号										
	开户银行										
人民币		千	百	十	万	千	百	十	元	角	分
收款人	全称										
	账号										
	开户银行										
事由											

收款人开户银行盖章

银行进账单（贷方凭证） 2

年　月　日

出票人	全称				收款人	全称			
	账号					账号			
	开户银行		行号			开户银行		行号	

人民币（大写）：	千	百	十	万	千	百	十	元	角	分

事由		科目（贷） 对方科目（借） 转账日期　年　月　日 复核　记账

（记账凭证图样1）

记 账 凭 证

年　　月　　日

摘　要	一级科目	二级科目	借方金额	贷方金额	

附件　　张

会计主管：　　　　复核：　　　　制单：

（记账凭证图样2）

收 款 凭 证

借方科目：　　　　　　　　　年　　月　　日　　　　第　　　号

摘　要	会计科目	明细科目	金额											记账
			亿	千	百	十	万	千	百	十	元	角	分	
合　计	（附件　　　张）													

制证　　　　　　　　　　审核　　　　　　　　　　记账

（记账凭证图样3）

付 款 凭 证

贷方科目：　　　　　　　　　　年　　月　　日　　　　第　　　号

摘　要	会计科目	明细科目	金额											记账
			亿	千	百	十	万	千	百	十	元	角	分	
合　计	（　附件　　　　张）													

制证　　　　　　　　审核　　　　　　　　记账

（记账凭证图样4）

转 账 凭 证

年　　月　　日　　　　　　第　　号

摘　要	会计科目	明细科目	借方金额										贷方金额										记账
			千	百	十	万	千	百	十	元	角	分	千	百	十	万	千	百	十	元	角	分	
合　计	（附件　　张）																						

制证　　　　审核　　　　记账

（账簿账页图样1）

库存现金日记账

第　　页

年		凭证字号		摘要	对方科目	借方	贷方	借或贷	余额
月	日								
				过次页					

（账簿账页图样2）

银行存款日记账

第　　页

年		凭证字号		摘要	现金支票号	转账支票号	借方	贷方	借或贷	余额
月	日									
				过次页						

（账簿账页图样3）

总页	分页

总　账

总账科目＿＿＿＿＿

子目或户目

年		凭证		摘　要	借　方	贷　方	借或贷	余　额	√
月	日	字	号数						
				过次页					

（账簿账页图样4）

本账页数	
本户页数	

明细分类账

科目名称________

年		凭证		摘　　要	借　　方	贷　　方	借或贷	余　　额	√
月	日	字	号数						
				过次页					

（账簿账页图样5）

本账页数	
本户页数	

明细分类账

户名……………………

年		凭证字号	摘要	账页	借方			贷方			结存		
月	日				数量	单价	金额	数量	单价	金额	数量	单价	金额
			过次页										

附录B　实训用料清单

《会计学原理》实训用料清单

序号	实训用料名称	用　量	使 用 范 围	备　注
01	《会计学原理实训教程》	1本	实训全过程	
02	记账凭证（通用式）	1本	49笔经济业务	
03	金额三栏式账页	29张（正反两用）	总账设50个；明细账设8个（只设往来账项）	
04	库存现金日记账	用金额三栏式账页替代（1张）	做现金日记账登记	
05	银行存款日记账	用金额三栏式账页替代（1张）	做银行存款日记账登记	
06	数量金额式账页	3张（正反两用）	材料采购设2个（甲材料、乙材料）；原材料设2个（甲材料、乙材料）；库存商品设2个（A产品、B产品）	
07	多栏式账页	3张（正反两用）设4个	生产成本设2个（A产品、B产品）；制造费用设1个	
08	会计凭证封面	2张	装订记账凭证用	
09	装订夹（或装订纸、线）	1套（若干）	装订记账凭证用	
10	装订机	1个	装订记账凭证用	手动式
11	科目汇总表	2张	汇总一个月的记账凭证	
12	资产负债表	1张	编制会计报表用	
13	利润表	1张	编制会计报表用	